前世今生

普天轨道AFC发展战略

韦强 著

同濟大學出版社
TONGJI UNIVERSITY PRESS

《中国轨道交通 AFC 行业里的追梦者》丛书

主　　编　陈凤敏　杜　潜

统　　筹　郑志涛　邓　艳

编　　委　邓　伟　郭　庆　黄宁宅　曾　浪　王建强
吴永锋　蔡中兴　罗洪元　杨　波　李道全
郭晓栋　吴海峰　解永生　胡　军　陆　斌
韦　强　秦树睿

审　　校　李宇轩

前世今生：普天轨道 AFC 发展战略

韦强　著

参编人员　陆仁元　黄宁宅　许宜斌　周向争　万鹏飞
张振华　方　方

丛书总序

陈凤敏
高级工程师，“城市轨道交通自动售检票系统工程质量验收规范”国家标准管理组组长，中国信息产业商会理事，中国信息产业商会自动收费专业委员会名誉理事长。

中国信息产业商会自动收费系统专业委员会经过历时两年多（2017 年 8 月—2019 年 10 月）的筹划，终于隆重推出了《中国轨道交通 AFC 行业里的追梦者》丛书，共计八本，将在两年内陆续出版。序齿列锦：

1. 初创篇：《兰蕙痴情》
2. 方正篇：《方行正远》
3. 熊猫篇：《引石琢玉》
4. 中软篇：《潜心笃志》
5. 普天轨道篇：《前世今生》
6. 大通电气篇：《凝铸精魂》
7. 苏州雷格特篇：《素履向前》
8. 摩莎篇：《明道正心》

遗憾的是，因为时间的关系，还有几本暂不能如愿编入本丛书，希望有后续的机会。

《中国轨道交通 AFC 行业里的追梦者》丛书涵盖了 1988 年以来，我国轨道交通 AFC 行业从无到有、从小到大、从弱到强、从简到新，不断成长、发展、壮大的全过程。这些著作除了本身各有其独立的价值之外，合在一起，堪称我国轨道交通建设和运营中，AFC——这个乘客自助式操作最多、自主化程度最高的弱电专业——全体从业人员不断学习实践的创新发展史。

“盛世修志”是我们中国优秀的文化传统。处在当今这样一个瞬息万变的信息化时代，我们有责任为后人、为年轻一代留下系统、翔实的 AFC 行业发展史料，从而为现今乃至将来交通行业的建设运营提供借鉴；为关心和热爱 AFC 行业的人士熟悉、了解收费系统及其技术提供帮助；也为更好地服务于广大乘客、加快建设交通强国、实现中华民族伟大复兴的中国梦，做出 AFC 人的一份贡献。

令人倍感欣慰的是，可以相信，未来会有更多的有识之士如我们一样，从这套近百万字的丛书中获取有用的信息。

就此机会，谨向付出了艰辛劳动的全体编写人员致以崇高的敬意，向为丛书提供资料的各界人士表示衷心的感谢。

2019 年 12 月 9 日

序一

黄宁宅

高级工程师。曾任杭州通信设备厂工程师、杭州通信设备有限责任公司工艺科长、浙江东方通信集团有限公司智能卡事业部业务经理、东信和平智能卡股份有限公司副总经理、杭州东信光电技术有限公司总经理、普天轨道交通技术（上海）有限公司总经理等职，现任普天东方通信集团有限公司副总工程师。

近年来，在国家政策的推动下，我国城市轨道交通行业取得了巨大发展。在“十三五”时期，我国城市轨道交通运营里程数持续增长，地铁建设规模加快，并与其他制式轨道交通协同有效发展。与此同时，“十三五”时期累计客运量较“十二五”增长81.7%，投资总额较“十二五”翻了一番多。

在“十四五”开局之年，中国城市轨道交通协会提出了国内城市轨道交通四大发展要点，以推进智慧城轨发展。同时，“十四五”规划和2035年远景目标纲要草案也提出：“十四五”期间我国城市轨道交通运营里程数将新增3000千米，预计累计客运量将突破千亿人次，累计完成投资额有望达到18188亿元。

我从2017年年底接手普天轨道，刚开始还是有点担心，但不久便感觉到这是一个充满朝气的团队，也深深体会到了普天轨道发展的不易。这三年来，在东信集团的大力支持下，普天轨道圆满地完成了遗留项目，逐步站稳了脚跟，回归了行业第一梯队。同时，我也认识了陈凤敏老师以及多位地铁业内专家，慢慢融入集成商联谊会，认识了一批行业中的Leader，并很荣幸地得到了大家的认可。

普天东信和上海普天都是普天集团的下属二级企业，都有着六十多年的历史，以及相同的技术背景和技术能力。普天轨道从事轨道交通建设时间非常长，普天轨道发展的过程也是国企不屈不挠、艰苦创业的一个缩影。企业的老领导、老职工们为普天轨道的发展奠定了基础、奉献了青春，让普天轨道在 AFC 行业具备了雄厚的实力，以及无可比拟的技术沉淀。

在这本书中，普天轨道的老同事们回忆了过去引进、消化、创新发展的过程，也描述了普天不平凡的发展过程中那些点点滴滴的瞬间。希望能够通过这些故事，对中国轨道交通健康发展有所启迪，也对在轨道交通行业中发展困难的企业有所帮助。

古语说："不积跬步，无以至千里；不积小流，无以成江海。"中国轨道交通的伟大事业，需要业内同仁合力一步一个脚印去推进、一点一滴去耕耘，最终造福大众、造福世界。

2021 年 10 月

序二

韦强

高级工程师。1991 年进入上海邮电通信设备厂研究所，1996 年开始从事轨道交通 AFC 系统研发。2005 年担任公司 AFC 事业部副总经理，2006 年担任浙江浙大网新众合机电工程有限公司 AFC 事业部副总经理，2012 年担任上海普天邮电通信设备股份有限公司轨道交通事业部总经理，2017 年担任普天轨道交通技术（上海）有限公司副总经理。

2021 年 9 月 25 日晚，我从哈尔滨起飞降落上海虹桥机场，与孟晚舟从加拿大起飞落地深圳宝安机场恰好在同一时间段。这一巧合让我颇有感触。“打铁还需自身硬”，这句话虽然老掉牙了，所表达的却是一个颠扑不破的真理：只有自身技术强大、实力强大，才有底气、有资本昂首挺胸站于人前。

任何一家企业的发展都不会是一帆风顺。先看华为发展之路，从香港交换机代理起步，大胆投入开始自主研发。研发的路崎岖难行，当时程控交换领域贝尔 1240 引领天下，HJD-04 机更是普遍，华为能拿出手的只有服务——港湾故事、PK 朗讯 5 号线，一场场“战斗”使得华为奇迹般在通信行业站稳了脚跟。从引进到走出国门，从中东、亚洲到欧洲，华为不断地学习、不断地蜕变，终于打开了新天地，开启了自身技术引领的新局面。

5G 市场，特别是 5G 标准的引领，让华为走向了风口浪尖。美国为此甚至动用国家力量，以所谓“国家安全”为借口，滥用出口管制等措施，对华为进行持续打压、遏制。美国又限制华为使用其芯片专利技术，使得台积电无法为华为生产芯片。2018 年又发生了孟晚舟事件，直至现在孟女士才重获自由。

本书所要描述的，是我们普天，一家老国企，在轨道交通市场大浪里的沉沉浮浮，也从另一个侧面，反映了国产化道路的艰辛和坎坷。

一代一代的普天人，为轨道交通 AFC 事业奋斗不息，走国产化道路，创新发展，大胆变革，迎接挑战，不盲目自信，更永不言败。这漫漫长路，有寂寞、有喜悦、有烦恼、有遗憾、有坚持，直到今天，终于使普天轨道从无到有，从有到精。

在这过程中，可以看到轨道交通许许多多同行的付出。尤其要提到的，是行业前辈陈凤敏女士。她引领着这个行业的发展方向，也带领着众多像普天这样的企业走进轨道交通 AFC 行业，从南湖宣言到行业协会、从一届届行业论坛到一套套行业标准，没有她的坚持，AFC 行业不会发展到现在这样的盛况。

借此机会，我们想要感谢上海地铁、广州地铁、北京地铁，这些自始至终在技术上给予普天轨道莫大支持的行业翘楚，以及天津地铁，为普天提供了自主系统实验场所；大连轨道，让普天的新技术得以推广应用，让中国 AFC 行业开始引领世界标准；合肥地铁，在普天最困难的阶段给予我们充分的信任，再有，青岛地铁、哈尔滨地铁、温州轨道、长春地铁、重庆地铁、厦门地铁、昆明地铁、洛阳地铁、太原地铁、佛山地铁、杭州地铁、兰州地铁等，都给予普天重要的业务支持。

日本丸红、日本信号、美国 Cubic 公司，作为行业的先行者，为普天轨道答疑解惑、传道授业，令我们感激不已。此外，还应该特别感谢那些在困难时期给予普天巨大支持的供应商们。

最后，还有我们 AFC 行业的 13 家联谊会企业，希望我们能够始终保持相互信任、相互促进、相互支持，成就行业的健康有序发展！

2021 年 10 月

出版说明

为宣传数十年来我国轨道交通 AFC 行业里众多企业及从业人士在开创和实施 AFC 系统项目过程中刻苦钻研、潜心服务、敢于创新、勇于进取的精神，总结提升我国轨道交通 AFC 系统的专业技术水平和服务保障能力，充分发挥 AFC 系统在轨道交通中的“脸面”作用，推动我国轨道交通事业持续发展，特编写出版《中国轨道交通 AFC 行业里的追梦者》丛书。

“一家一传记，一人一故事。”丛书从业主、集成商、设备制造商、模块供应商、设计院及工程施工单位等多个视角，通过丰富的案例和故事，加上一些珍贵的历史资料，讲述了我国轨道交通 AFC 系统行业三十多年来虽历经艰难却不断前行的发展历程。

在当前“一带一路”倡议的大背景下，结合国家轨道交通“十三五”规划，通过丛书的介绍，可以使业内决策者和具体工作人员更进一步了解和熟悉轨道交通 AFC 系统——这一轨道交通行业里唯一涉及运营收费的专业领域——的作用。

《前世今生：普天轨道 AFC 发展战略》是丛书的重要组成部分，主要讲述普天轨道交通技术（上海）有限公司（简称“普天轨道”）在轨道交通 AFC 行业的发展历程。

普天轨道的前身是中国普天下属上海普天邮通科技股份有限公司的轨道交通事业部。中国普天作为原邮电工业部旗下央企，一度历经沉浮，从计划经济时代的天之骄子，到进入市场经济后的茫然无措，再到引入外资后再度辉煌，以及近年来由于缺乏自身技术动力而日益衰落。2021 年，中国普天又迎来了新的转机：经国务院批准、国资委批复，中国普天整体无偿划入中国电科，成为中国电科全资子公司，自此全力打造通信、电子行业的央企巨无霸。

作为“普天系”的一份子，普天轨道是最早加入轨道交通AFC行业国产化的企业之一。伴随着普天的起起伏伏，再到如今迈向新的航程，在这曲折的历程中，普天轨道人始终不忘初心、奋斗不止，凭借吃苦耐劳、埋头苦干的精神，闯过了一道又一道的难关，一次又一次从低谷中爬起来，重新出发。本书就是对普天轨道这二十多年来轨道交通行业从业经历的一次总结。

在成书过程中，著者先后采访了多位普天轨道二十多年发展历程的见证者，包括在普天轨道AFC产业初创时期起过重要指导作用的陈凤敏老师、普天轨道AFC事业创始人陆仁元先生，以及更多的亲身经历了这一切的普天轨道人——有从技术人员成长为公司管理层的老普天人，也有初加入这个大家庭的新普天人。其间，查阅了大量档案、文献和历史照片，成稿后又经相关部门负责人审阅和补充，再反复修改。可以说，本书的面世，凝注了众多参与者的心血。谨此，向他们表示衷心的感谢。

借此机会，还要感谢一直以来关注和支持普天轨道的各位专家和业主，感谢这二十多年来为普天轨道交通AFC事业添砖加瓦的老领导、老员工们，感谢现在仍然在为普天的轨道交通事业努力奋斗的广大员工！

陈凤敏老师对本书的写作给予了莫大的关心和鼓励，邓艳女士为本书的出版付出了辛勤的劳动，在此一并向她们表示衷心的谢意。

目录

第 1 章
启程：AFC 系统的引进与发展

轨道交通 AFC 系统（自动售检票系统）是基于计算机、通信、网络、自动控制等技术，实现轨道交通售票、检票、计费、收费、统计、清分、管理等过程的自动化系统。

中国大陆城市轨道交通运营始于 1971 年 1 月——北京地铁一期工程线路开始试运营。在其后的十余年时间里，乘客乘坐地铁使用的都是纸质车票，没有自动售检票设备，一切都靠人工进行。直到 20 世纪 90 年代初，上海地铁开始自主研制轨道交通自动售检票系统（AFC 系统），并在上海地铁 1 号线徐家汇站等车站成功试用，才结束了人工售检票服务的时代，AFC 系统之路正式启程（图 1-1）。

经过近 30 年的建设和发展，AFC 系统从无到有、从生疏到熟悉、从引进到国产化，再到当下运用“互联网 +”的多元化新型支付方式，AFC 系统的快速发展极大地丰富了 AFC 运作模式，让乘客使用更加快捷方便，让地铁运营管理更加轻松精确。与城市轨道交通的其他系统相比，无论在认知水平、技术水平还是管理水平上，AFC 系统的技术更新速度更快，国产化程度更彻底，前沿新兴技术应用程度更高。

从 AFC 系统发展角度来看，我国走过的发展历程可以分为两个阶段：一是“引进 + 合作”发展阶段，二是国产化蓬勃发展阶段。

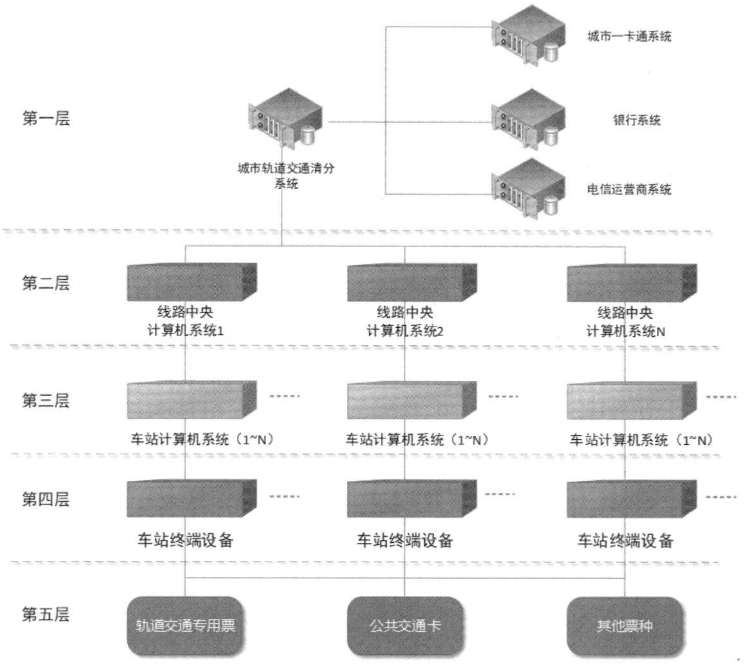

图 1-1 轨道交通自动售检票系统五层架构

早期探索：“引进 + 合作”

在地铁各专业系统中，AFC 系统扮演着十分重要的角色，它不但为乘客提供自动售票和自动检票服务，也为轨道交通运营公司的科学管理提供可靠的数据，是现代轨道交通先进性的重要体现。

通常意义上，“AFC”是英文“Automatic Fare Collection”的简称，即“自动售检票”。许多人可能认为自动售检票系统仅仅是售票和检票，仅仅是进站和出站。而从严格意义上来说，AFC 系统（自动售检票系统）是基于计算机、通信、网络、自动控制等技术，实现轨道交通售票、检票、计费、收费、统计、清分、管理等过程的自动化系统。在我国试用 AFC 系统之初，国外经济发达城市的轨道交通已普遍采用了这种管理系统，并发展到相当高的技术水平。

从投资角度来讲，AFC 系统所需的经费仅占轨道交通投资中很小一部分，但它却是轨道交通每天与乘客见面、打交道的一个重要的服务窗口。更重要的是，它不但掌管着轨道交通运营的经济命脉——票务收入，而且掌握着轨道交通线路各车站的客流量和客流动态信息。因此，AFC 系统可以为轨道交通的运营、管理和决策提供大量的科学数据和依据。如果该数据或报表存在错误，则将给轨道交通的管理带来严重的问题。公共交通行业是“以人为本”、为大众服务的行业，安全、可靠、方便和实用是其考虑问题的基本出发点。因此, 对 AFC 系统来说，可靠性和成熟性是第一位的。

20 世纪 80 年代末，城市轨道交通自动售检票系统的概念在国内几乎还是一片空白，该系统在轨道交通大系统中的重要性和必要性也很难展现。直到 90 年代初，在广州地铁 1 号线可行性研究报告中，票务收费方式是人工还是自动仍是一个重要章节。地铁公司仍需要以相当篇幅对人工收费和自动收费的利弊作分析，以说明自动收费的重要性。过去 AFC 系统的功能设置通常以学习国外成功经验为主，在此期间香港地铁给予了大陆同行许多帮助，分享了他们宝贵的建设和运营经验；同时国际著名的 AFC 专业厂家，如美国的 Cubic、法国的 CGA（后更名为泰雷兹（THALES））和日本的日信、欧姆龙等公司，也通过产品和系统的推介，将成熟的 AFC 系统技术推荐给了国内地铁公司，这些都为广州地铁和上海地铁的 AFC 系统在建设之初就拥有严谨和基本完善的系统框架奠定了基础。

1988 年，上海地铁陈凤敏、何耀祥（电子部二十一所）等专家凭借从国外收集来的资料，艰难地开始了 AFC 系统和设备的试制。但由于试验的条件和工艺无法满足地铁运营要求，经过上海市政府批准，由国内自行开发改为引进。当时，上海地铁 1、2 号线支付 2800 万美元，购买了美国 Cubic 公司的 AFC 设备。1996 年签订合同，1999 年 3 月 1 日上海地铁 1 号线全线开通运营（图 1-2）。

图 1-2 上海地铁 1 号线通车

同期开工建设的广州地铁 1 号线也全套引进美国 Cubic 公司的设备，1999 年 6 月 28 日该线正式运营时 AFC 系统也全线开通运营。1998 年 11 月 1 日国产普天的 AFC 系统在天津地铁 1 号线开通运营（图 1-3，图 1-4）。在 20 世纪 90 年代，国内开通的 AFC 系统普遍采用磁卡技术。

随着2000年前后国内第一轮城市轨道交通建设高潮的到来，北京、上海、广州、大连、天津、深圳、武汉、重庆和南京的城市轨道交通项目陆续上马。在这一轮建设大潮中，AFC 系统不再是“豪华配置”，而是成为“标配”。其建设有两个特点：一是车票的介质从磁卡变成了 IC 卡（图 1-5），二是在系统建设时要考虑与公共交通（市政）“一卡通”的对接。在这个过程中，不得不提到大连快轨 3 号线（今大连地铁 3 号线）AFC 系统的成功建设。该线最初一度就上不上 AFC 系统、薄型非接触 IC 卡是否可行，以及是否接入城市公共交通“一卡通”系统展开争论。后来是时任大连快轨总工的李莹做出了最为肯定的结论：“AFC 系

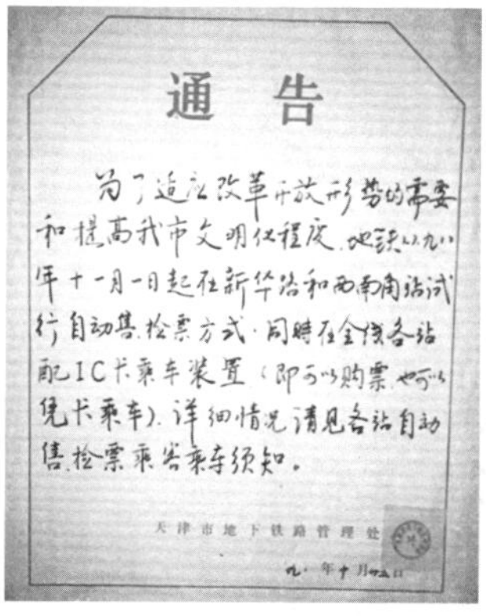

通告

为了适应改革开放形势的需要和提高我市文明化程度，地铁以九八年十一月一日起在新华路和西南角站试行自动售、检票方式，同时在全线各站配IC卡乘车装置（即可以购票，也可以凭卡乘车）。详细情况请见各站自动售、检票乘客乘车须知。

天津市地下铁路管理处

九八年十月廿五日

图 1-3　国内首个 AFC 系统开通 天津地铁公告

图 1-4　国内首个 AFC 系统开通 天津地铁 1 号线新华路站

图 1-5　国内首个薄型非接触 IC 卡单程票 大连快轨 3 号线

统将来一定是轨道交通的标配，我们这个选择是做对了。特别感谢上海邮通的大力支持，让我们不小心拿了几个世界第一。”

与此同时，国外知名 AFC 厂商纷至沓来，如欧美的 Cubic、泰雷兹、英德拉（Indra）、泰尔文特、固力保、马格内梯克，日韩的欧姆龙、日信、三星、乐金，新加坡的新科电子，以及港台的三商、优联、高明等公司，在各种技术交流会、展览会上频繁出现。

当时，国内的业主一方面基于建设资金贷款的问题需要，而选择提供贷款国的厂家；另一方面考虑系统成熟度和规避建设风险的需要，而采用全盘引进的方式。例如，2000 年上海明珠线（上海地铁 3 号线）采用西班牙英德拉公司产品，2001 年广州地铁 2 号线采用美国摩托罗拉公司产品（项目建设过程中由于摩托罗拉公司业务重组，合同转让给韩国三星公司），2003 年北京地铁 13 号线采用日本信号公司产品、天津津滨轻轨采用西班牙英德拉公司和韩国乐金公司产品，2004 年西班牙泰尔文特中标天津地铁 1 号线。

虽然全盘引进的国外系统技术成熟、稳定，却存在造价昂贵、运营费用高、技术上对外方依赖性强，以及功能与国内运营和管理要求匹配度低等问题，对降低成本、适应本土化的需求逐渐呈现出来（图 1-6）。

国内 AFC 系统需求市场的不断扩大，吸引了一大批国内高新科技企业加入。他们积极与国外厂家合作，引进消化国外先进技术，其中最为突出的是普天研发的薄型非接触 IC 卡自动售检票系统（图 1-7），一举打破了国外的垄断，实现了弯道超车。国内在后续的自动售检票系统建设过程，都采用了全非接触 IC 卡自动售检票系统，不仅降低了门槛，更提高了可靠性、降低了成本。

图 1-6　普天自主研发磁卡检票机机芯

图 1-7 国内首个薄型非接触 IC 卡 AFC 系统 大连快轨 3 号线

国产化蓬勃发展

随着中国经济高速发展，城市化进程不断加速，百万人口以上大城市从 1979 年的 15 座增加到 2017 年的 105 座。到 2017 年 6 月，我国运营轨道交通的城市已达到 28 座。城市轨道交通的高速发展、客流量的大幅增加，使得 AFC 系统的作用显得越来越重要。

轨道交通的网络化运营，对 AFC 系统提出了更高、更严格的要求。在 AFC 系统的运营和管理方面，一度存在四大顽症：数据报表不准确、系统和设备可靠性不高（包括设备故障率高）、读卡器读写速度慢、车票流失率大（包括车票质量等问题）。这些问题不仅给系统的质量和安全留下了后遗症，增加了运营管理的难度和负担，而且直接影响了轨道交通服务的质量和管理水平的提高。

随着轨道交通线网的逐步形成以及城市公共交通“一卡通”的迅速普及，清分体系的建设已经刻不容缓。然而，由于城市轨道交通系统线网在不断发展，经营管理需求也随之变化，建立一个全面、安全、可扩展和前后兼容的清分系统势在必行。

随着轨道交通建设的快速发展，自动售检票系统需求量越来越大，如果采用进口设备，投资成本势必增加，所以，国务院提出轨道交通设备60%（时任总理朱镕基提出70%要求）国产化的要求，这无疑也对AFC系统的国产化提出了相应的要求。

国产AFC系统要想取得技术优势，走出国门，走向世界，必须站在巨人的肩膀上，才能比巨人站得更高，看得更远。在经济全球化的今天，市场更为开放，技术交往与交流更为频繁，这使我们能够缩短国产化工作的周期，促进相关产业的发展。因此，要抓住机遇，着眼于形成具有国际竞争力的轨道交通设备产业，以开放的心态，积极引进国外的先进技术、人才、资金和管理，从而加速我国轨道交通产业的发展，确保国产化工作目标的实现。

经过几年的AFC建设和运营实践后，AFC行业的从业者们——不管是业主还是供货商，都在总结经验和教训，逐渐形成共识：必须建立统一的AFC系统规范和标准，才能避免在轨道交通大建设的高潮中出现新旧线路不兼容或者建新线改旧线的情况出现，保证AFC系统的健康发展。

于是，国家2003年发布了《地铁设计规范》（GB 50157—

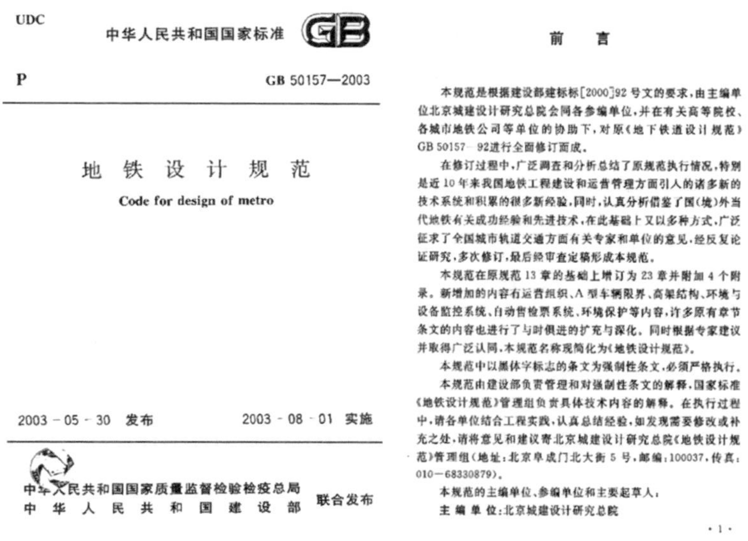

UDC　　中华人民共和国国家标准　GB

P　　GB 50157—2003

地　铁　设　计　规　范

Code for design of metro

2003－05－30　发布　　2003－08－01　实施

中华人民共和国国家质量监督检验检疫总局
中　华　人　民　共　和　国　建　设　部　联合发布

前　言

本规范是根据建设部建标标[2000]92号文的要求，由主编单位北京城建设计研究总院会同各参编单位，并在有关高等院校、各城市地铁公司等单位的协助下，对原《地下铁道设计规范》GB 50157—92进行全面修订而成。

在修订过程中，广泛调查和分析总结了原规范执行情况，特别是近10年来我国地铁工程建设和运营管理方面引入的诸多新的技术系统和积累的很多新经验，同时，认真分析借鉴了国（境）外当代地铁有关成功经验和先进技术，在此基础上又以多种方式，广泛征求了全国城市轨道交通方面有关专家和单位的意见，经反复论证研究，多次修订，最后经审查定稿形成本规范。

本规范在原规范13章的基础上增订为23章并附加4个附录。新增加的内容有运营组织、A型车辆限界、高架结构、环境与设备监控系统、自动售检票系统、环境保护等内容，许多原有章节条文的内容也进行了与时俱进的扩充与深化。同时根据专家建议并取得广泛认同，本规范名称现简化为《地铁设计规范》。

本规范中以黑体字标志的条文为强制性条文，必须严格执行。

本规范由建设部负责管理和对强制性条文的解释，国家标准《地铁设计规范》管理组负责具体技术内容的解释。在执行过程中，请各单位结合工程实践，认真总结经验，如发现需要修改或补充之处，请将意见和建议寄北京城建设计研究总院《地铁设计规范》管理组（地址：北京阜成门北大街5号，邮编：100037，传真：010－68330879）。

本规范的主编单位、参编单位和主要起草人：

主 编 单 位：北京城建设计研究总院

· 1 ·

图 1-8　《地铁设计规范》（GB 50157—2003）

2003）（图 1-8），其中第十八章“自动售检票系统”，明确规定了 AFC 系统的功能和接口要求；2006 年发布了《城市轨道交通自动售检票系统工程质量验收规范》（GB 50381—2006），明确了 AFC 系统的工程质量规范以及验收流程和标准；2007 年发布了《城市轨道交通自动售检票系统技术条件》（GB/T 20907—2007）（图 1-9），明确了 AFC 系统的五层架构体系以及各层架构的技术条件和接口要求；2011 年发布了《城市轨道交通自动售检票系统检测技术规程》（CJJ/T 162—2011），明确了五层架构体系下 AFC 设备单机测试和联机测试的规程。

上述这些规范的制定，使 AFC 在国家层面上形成了一套涵盖设计、建造、检测和验收全过程的标准体系。此外，北京、

ICS 93.080
O 84

GB

中华人民共和国国家标准

GB/T 20907—2007

城市轨道交通自动售检票系统技术条件

Technical requirements for automatic fare collection system of urban rail transportation

2007-04-29 发布　　2007-11-01 实施

中华人民共和国国家质量监督检验检疫总局
中国国家标准化管理委员会　发布

GB/T 20907—2007

前　言

本标准由中华人民共和国建设部提出。

本标准由全国城市轨道交通标准化技术委员会(SAC/TC 290)归口。

本标准起草单位：城市建设研究院、上海邮电通信设备股份有限公司、天津地下铁道总公司、广州市地下铁道总公司、深圳地铁运营分公司、南京地下铁道有限责任公司、上海申通轨道交通研究咨询有限公司、上海市标准化研究院、上海公共交通卡股份有限公司、上海市隧道工程轨道交通设计研究院、上海地铁运营有限公司、南京熊猫电子股份公司、上海华铭智能终端设备公司、北京市政交通一卡通有限公司、黄石捷德万达金卡有限公司。

本标准主要起草人：何宗华、黄钟、陆明、李宇轩、王家松、王健、冉维娜、谢志刚、王淑敏、王子强、张汉清、陆斌、张伟国、陈文苹、张亮、杨健。

本标准为首次制定。

图 1-9 《城市轨道交通自动售检票系统技术条件》（GB/T 20907—2007）

上海等城市还发布了有关 AFC 系统的地方标准，广州、深圳等城市的相关公司也制定了有关 AFC 的企业标准，规定和统一了 AFC 系统和设备的功能需求、技术标准和数据接口规范，使 AFC 系统设备成为相对标准化的产品。

第 2 章
前世：普天轨道的发展之路

国产化道路是艰辛的，也是值得回味的。没有这些先驱者，就没有中国轨道交通的今天。消化、吸收国外成熟优秀的经验，将国产化与自主创新紧密结合，走出一条符合中国国情的成功之路。

——原上海普天 AFC 事业部总经理陆仁元

国产化道路是几代普天人坚持不懈的努力方向。

AFC 国产的原动力

20 世纪 90 年代初期，上海地铁 1 号线建设伊始，就开展了 AFC 系统国产化的实验。但由于基础配件和工艺的缺陷以及产业化难以配套等原因，未能取得预期效果。尽管如此，这次实验对日后 AFC 系统的引进和后续国产化工作起到了重要的借鉴作用。

经过数年积累和快速发展，上海轨道交通 AFC 系统的国产化工作步入了良性发展的轨道。为进一步规范市场，提高 AFC 系统厂商的技术水平和市场竞争力，上海普天于 2003 年启动了轨道交通 AFC 系统地方标准的制定工作，并于 2004 年年底编制完成了《城市轨道交通自动售检票系统通用技术规范》，经有关主管部门批准后颁布实施。通过标准化建设，进一步规范各方的行为，明确应用和生产目标，从而推动整个产业健康有序地发展（图 2-1）。

经过数年努力，国内企业已经具备了较强的 AFC 系统集成和设备供应能力。2005 年年初，上海轨道交通结合“一票换乘”方案的实施，进行了上海地铁 1、2、3 号线 AFC 系统标准化改造以及上海地铁 5 号线 AFC 系统建设的招标。上海复旦微电子公司、上海华虹集成电路公司、上海华铭智能终端设备有限公司、上海邮电通信设备股份有限公司和上海怡力工程设备有限公司等共同参与，整系统地提供国产化产品。

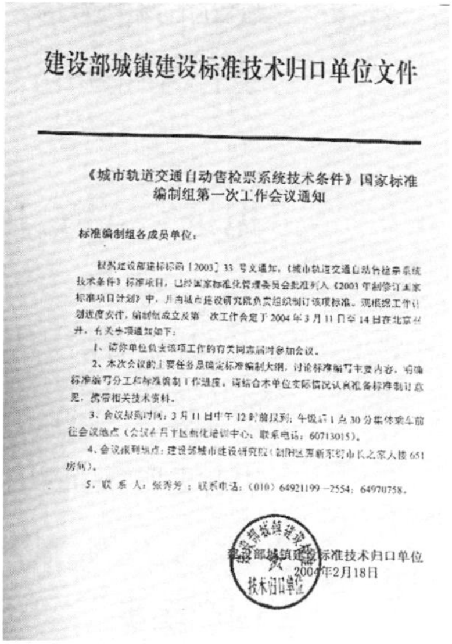
建设部城镇建设标准技术归口单位文件

《城市轨道交通自动售检票系统技术条件》国家标准编制组第一次工作会议通知

标准编制组各成员单位：

根据建设部建标标函〔2003〕33 号文通知，《城市轨道交通自动售检票系统技术条件》标准项目，已经国家标准化管理委员会批准列入《2003 年制修订国家标准项目计划》中，并由城市建设研究院负责组织制订该项标准。现根据工作计划进度安排，编制组成立及第一次工作会定于 2004 年 3 月 11 日至 14 日在北京召开，有关事项通知如下：

1、请你单位负责该项工作的有关同志届时参加会议。

2、本次会议的主要任务是确定标准编制大纲，讨论标准编写主要内容，明确标准编写分工和标准编制工作进度，请结合本单位实际情况认真准备标准制订意见，携带相关技术资料。

3、会议报到时间：3 月 11 日中午 12 时前报到；午饭后 1 点 30 分集体乘车前往会议地点（会议在昌平区[illegible]化培训中心，联系电话：60713015）。

4、会议报到地点：建设部城市建设研究院（朝阳区惠新东街市长之家大楼 651 房间）。

5、联系人：张秀芳；联系电话：（010）64921199－2554；64970758。

建设部城镇建设标准技术归口单位
2004年2月18日

图 2-1　国家标准编制工作会议文件

上海把基本形成 AFC 系统设备国产化生产、供应和服务的产业链列为上海智能交通建设的工作任务之一。在推进 AFC 系统国产化工作中，打破行业限制和体制限制，充分发挥各行业、各类厂商的优势，形成了一支各有所长、优势互补的产业队伍。不仅如此，上海的产业单位还主动与科研单位进行合作，逐步提高国内企业的自主研发能力，打造企业的核心竞争力。如上海邮通公司与上海市计算技术研究所合作成立了“城市轨道交通 AFC 联合实验室”。

上海在大力发展轨道交通的过程中，也非常注重市场的培育和建设。在起步阶段，通过促进国内企业和国外企业之间的合作，为国内企业创造参与机会。在国内企业取得进步和发展之后，又适时开展地方和行业标准的制定工作，用技术标准来规范市场的发展，使国内企业和国外企业有机会站在同一起跑线上，在竞争中谋求发展，营造良性竞争、良性发展的大环境。

见证：AFC 国产的全过程

原上海普天 AFC 事业部总经理陆仁元亲身见证了 AFC 国产的全过程（图 2-2）。通过他以下的回忆，可以让我们对这段历史有更加全面的了解。

国产起步

改革开放初期，普天刚好引进了一台数控冲床（AMDA）（图 2-3），我负责接收工作，被安排到日本参加培训。记得有一次

图 2-2　上海普天 AFC 的创始人陆仁元

图 2-3　日本引进的 AMAD 冲床

进地铁检票时，车票被检票机卡住了，日本地铁工作人员将机器打开，我看到了它的内部构造，觉得我们有能力研发和制造，因为我们厂里也有电、也有机，可构成机电一体化——现在业内人士称之为机电结合产品。日本检票系统都是用磁卡的，机械结构非常复杂。因而当我回到上海的时候，就开始考虑要国产化 AFC。

1990 年 1 月 19 日，上海轨道交通 1 号线经国务院同意，正式开工建设。1993 年 1 月 10 日，南段上行线（锦江乐园站—徐家汇站）建成，先通了一根隧道，铺好钢轨装好接触网。1993 年 5 月 28 日，南段上行线开始观光试运营，用一列车来回跑，单程 12 分钟。控制列车间隔采用的是最原始的“电话闭塞法”，票务员手工进行卖票、撕票。通车时，大批市民前来乘坐，上海继北京、天津之后，成为中国大陆第三个拥有地铁的城市。

在上海轨道交通 1 号线试验的时候，就提出要引进 AFC，当时上海地铁领导的意向是进口，意向公司有日本的信号公司、美国的 Cubic 公司、法国的 CGA（后更名为泰雷兹）等国际上知名的 AFC 企业。那时候这些公司的产品都运到上海体育馆站放着，以上海地铁公司的名义展示，得到消息后大家慕名去看。

我和当时上海普天总经理刘时中一起去的，展示方基本有问必答，并主动演示操作给我们观看。因为我们有电传打字机、复印机生产制造能力，AFC 这个设备很适合我们这里工厂的生产特点，两人回来后当即决定自己做这个产品（图 2-4）。

规划执行

大约在 1996 年的时候，我们就找来了一批人，这群人中有结构设计、电路设计、软件开发，一门心思地开始研究 AFC 系统。当时主要是为了适应国家计划委员会对整个大中城市的交通规划。其次，也结合了自身工厂的特点，像机电一体化结合的产品，并且有这样的工艺基础（当时国产的 HJD-55 型电传机在国内非常有名气）。

图 2-4　普天轨道测试用磁卡

另外，还有一个外部条件是，上海地铁 AFC 那边最初找了上海二十一所做国产化实验，但二十一所在机械控制方面不精通，实验就失败了。主要的关键是稳定性，此项技术对磁卡以及机电的稳定性要求都非常高。后来这项技术课题转给了我们。

我们就此正式开始这项技术的研发，就发觉 AFC 是一种比较复杂的系统，牵扯的各环节也比较多。用当时广州地铁总经理卢光霖（图 2-5）的话讲，地铁项目种类繁多，如通信、信号、通风、照明灯等，但有两种和群众是有直接关系的：第一个是车辆，例如车开得稳不稳、座位是不是舒适、把手拉起来是不是方便；第二个就是 AFC，每个人进来出去都需要检票，所以我们要做好这个系统。一方面我们组织人员研究地铁 AFC 的设备，另一方面开始研制公园用的商用检票机，第一个目的是增加收入，第二个目的是摸摸 AFC 的底，包括后来研发了上海浦东中央公园、上海水族馆、浦东机场机场建设费的设备，为地铁闸机打好了基础。

虚心学习

现在看似简单的 AFC 在当初实现起来还是非常难的。首先没有资料，没有技术储备，不清楚用户需求，这时日本丸红公司给了我们很大的支持，他们帮忙找来日本信号公司，促成了

图 2-5　广州地铁卢光霖带队考察上海普天

我们直接的合作。这里要特别感谢日信的大岛先生，正是他的答疑解惑，让我们深入地了解了 AFC 系统。由于日本的设备比较复杂，大票小票票种比较多，内部设计太精密了，不适应国内的使用环境，我们和日信共同设计，力争研发符合中国人使用习惯的 AFC 设备。我们和日信做了分工，我们不会做的他们来弄，我们能做的我们来，整体以我们为中心设计。

通过这个过程我们快速地掌握了这个系统。这段时间我们还请了地铁公司、设计院、施工单位来开研讨会和展会，一方面充分地了解客户的需求，一方面不断改善自己的产品（图 2-6，图 2-7，图 2-8）。其间得到上海地铁、广州地铁、南京地铁、上海隧道设计院、上海通号等单位的大力支持。功夫不负有心人，产品顺利地通过了产品鉴定会。

图 2-6　1997 年 11 月召开了首届地铁 AFC 技术研讨会

图 2-7　1998 年 11 月召开了第二届地铁 AFC 技术研讨会

图 2-8　1998 年 8 月召开了 AFC 新产品生产定型鉴定会

天津启程

当时产品出来了，没有地方去试，我们做通信产品的企业，都要求先开试验局的。那时天津地铁给了非常大的支持。天津地铁是一条老线，国内很多人不一定知道。天津地铁对普天产品的使用，从技术角度来说，使我们取得了丰富的经验，这对我们公司的发展非常重要。除了技术方面，还包括了解客服的需要。AFC 设备虽然不是很复杂，现在讲来是不起眼的一些检票、售票设备，但对我们来说，先要了解地铁运营到底是怎么进行的、怎么管理的，因为我们的设备系统要和管理结合起来。我们在天津地铁做实验，到现在中国也是第一个。虽然其间我们确实投入了很多，但都是值得的。因为开发不单单是开发设备、开发系统，还要开发客服需要。其次在开发过程中可以广泛地接触客户，上海、天津、北京、重庆、广州等中国较早建设地铁的城市我们都有接触。我们在开发的时候还做了展示，包括 LC 系统、SC 系统、检票机、售票机、票房售票机等，邀请了很多单位和个人来参观和指导工作（图 2-9，图 2-10）。

商用并行

1999 年，正赶上上海浦东开发开放的好时机，浦东机场、世纪公园、东方明珠、金茂大厦、水族馆、过江隧道等项目都快开通。我在想上海发展，这种现代化的设备一定有用武之地。

我特别要说一下浦东机场机场建设费项目。浦东机场机场

图 2-9 天津地铁车站计算机（SC）

图 2-10 天津地铁自动售票机

建设费设备非常有挑战，机场方面希望乘客能够通过自助设备去购买机场建设费卡，自主通关。这样检票机上不仅要进行磁卡检票，还要及时提供机场建设费收据，这个收据不仅要盖章，还一张不能多一张不能少。这个设备是世界独一无二的，在AFC行业里面更加独一无二，甚至日本、美国都没有做过。我们有天然的优势，我们生产过万次邮戳机、复印件、打印机等设备，两者一结合，一下就做出来了，获得了浦东机场的认可（图2-11，图2-12）。

浦东机场一炮打响后，成都、北京、西安、虹桥机场都开始安装使用，后来由于机场建设费加到了机票里面，我们这块业务也就暂停了。

图 2-11 浦东机场机场建设费磁卡票

图 2-12 民航机场建设费自动售票机

衷心感谢

这里要讲到上海地铁的陈凤敏。当时上海地铁在二十一所试验 AFC 并不成功，急需国产化的实施单位，陈凤敏工程师及时与我们取得了联系，之后除了在技术上指导，还有 AFC 业务上的指导，并帮助我们在市场上进行推广。我们真正打开市场离不开她的支持，包括北京地铁，也包括铁道部的管理中心（图 2-13）。

现在高铁票磁卡的推广我们也起了作用。当时铁道部在 RFID 车票和磁卡票中纠结，RFID 车票已经有了试用，但是每张车票的成本太高，铁道部承担不起，环境污染和报销都是问题，但是当时国内没有人家能做磁卡检票设备。我们给铁科院提供了一套磁卡检票设备，并给他们做了培训，给铁道部对使用磁卡有了信心。

图 2-13 陈凤敏女士参加普天浦东机场自动售检票签约仪式

发展创新

当时做 AFC 的所有国外公司都偏向于磁卡为主，到现在为止日本还是磁卡，但是 IC 卡已经开始兴起，科研单位已经用 IC 卡了。行业中对 IC 卡的外型是传统的卡式还是圆币式（Token）开展了激烈的论证。上海也有这个争论，而且上海交通局下面还有一个交通处，他们也组织了一些 Token 的研发和卡式论证活动。但是我们认为 Token 在使用和管理等各方面有诸多不便，容易滚落，会造成不安全的隐患。而且从经济层面来看，Token 形态上不方便做广告宣传，卡则不同，特别是上海地铁，素来有卡文化的习惯（图 2-14，图 2-15）。

所以我们研究下来，依旧觉得卡比较好用。正好上海市交通局也在组织调研，碰巧这一天小黄忠总来到我们的工厂，我将这个卡的问题告诉了他，他给地铁公司总工裘哲雷汇报了，

图 2-14　上海地铁磁卡储值票

图 2-15　上海地铁磁卡单程票

图 2-16　上海地铁改造 IC 卡单程票

裘总立刻来我们公司现场详细了解产品性能、改造难度和改造成本，然后 Token 和卡片之争就此解决了。这不仅影响了上海，也影响了全国其他城市。还有一个很重要的，AFC 的国内价格已经稳定了，本来全是以 2 亿元左右来计算的，现在国家将成本压低了下来，基本稳定在 1 个亿左右，所以我们国产化和技术创新，实实在在的意义就在于此（图 2-16）。

因为我们做得比较早，而且在不断地根据用户的需求国产化——这是我们一直到现在的宗旨。好处就是让我们能和国外企业竞争，他们不前进也是一种滞后，也逼得国内企业要做 AFC 就必须国产化。

将来 AFC 还要发展，要不断创新。我们要不断发挥自身的优势，才能立于不败之地，要人有我有、人有我新、人新我强。

第3章
今生：坚持国产化道路

发展创造力，任何困难可以克服，通讯材料的自制就是证明。

——毛泽东

偶尔看到某网络上关于普天和中电科重组的报道："普天"这个名字，很霸气，"普天之下，莫非王土"，有王者之气。20年前，中国普天确实是很霸气的，是多年来的行业老大，华为、中兴通讯、大唐、海信等企业，都难以望其项背。20年后，普天却被中电科合并了。30年河东，30年河西，从"普天之下，莫非王土"到门头消失，还不到30年。看到这篇文章，作为一名老普天人感触颇深。

普天轨道的发展同样也历经不凡、跌宕起伏，从中一方面看到了老国企的弊病，一方面也见证了老国企的坚持。

前世："发展"与"创造力"

中国普天信息产业集团有限公司（简称"中国普天"），由国务院国资委直接管理，是有着百年历史底蕴和文化内涵的中央企业，公司所传承的毛泽东主席"发展创造力"题词的创新精神一直是企业不断向前发展的精神动力（图3-1）。上海普天邮通科技股份有限公司（简称"上海普天"），则是中国普天旗下的上市公司之一。公司在近年的发展中，也一直秉承着“发展”与“创造力”的传统。

“发展”是主题

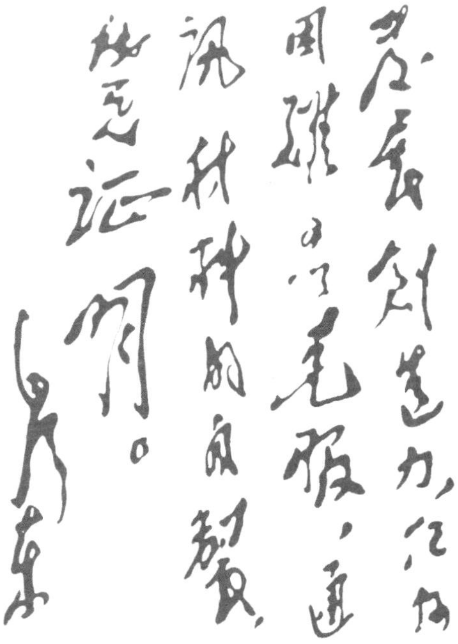

图 3-1 毛主席对邮电通信的自主创新题词

1940 年 7 月，毛泽东主席为庆祝延安军委三局通信材料厂（中国普天的前身）成立两周年，及在两年内基本实现了战时元器件自给的成绩，为其题词：“发展创造力，任何困难可以克服，通讯材料的自制就是证明。”这宝贵的题词，蕴藏着深刻的思想内涵：“发展”是主题，“创造力”是核心，“克服困难”为表现。这一题词为后来中国邮电工业的形成和发展指明了方向。

1949 年 7 月，华东电信管理局在上海开始组建邮电工厂，至翌年 1 月，将原属上海电信局的浦东修配所、汽车修配所、国际电台的真如修配所、电工场和邮政供应处的胶州路印刷间，分别改组为华东电信管理局器材处修造一厂（在浦东周家渡），主要生产电报键盘凿孔机零件；二厂（在江宁路），主要修理无线电收发信机；三厂（在育婴堂路），主要修理汽车；四厂（在胶州路），主要印刷邮政明信片、邮政单式表册和浇铸邮用铅志。1951 年 8 月，这四厂合并为邮电器材修造总厂。1952 年 7 月，以总厂为基础，吸收了杭州、南京修配所的技术力量，组建了华东邮电器材厂，受华东电信管理局华东供应处和邮电部器材供应管理局双重领导。厂址设在虬江路育婴堂路，共有职工 457 人（其中工程技术人员 41 人），机床设备 84 台。

1954 年 1 月，厂名改为邮电部供应局华东邮电器材厂，8 月改名为邮电部供应局上海器材厂，厂址仍在虬江路原处。1958 年起，在宜山路 700 号筹建新厂，1960 年 3 月新建厂房落成，开始陆续迁往宜山路新址。新址投资 963 万元，设备 323 台，固定资产原值达 1436.7 万元。1962 年，厂名改为上海邮电器材厂。1964 年 7 月，厂名改为邮电部上海邮电器材一厂。1965 年，该厂奉邮电部指示，派出厂长和载波机车间人员共 600 余人赴四川眉山筹建邮电 505 厂。1970 年 1 月，邮电部建制撤销，上海邮电器材一厂划归电信总局主管，更名为电信总局 519 厂。1975 年，邮电部恢复建制后，又属邮电部主管，改名为邮电 519 厂（图 3-2）。1981 年 6 月，改名为邮电部上海通信设备厂（邮电 519 厂名称同时使用），属邮电部工业管理局领导。

图 3-2　电信总局 519 厂大门

公司组建之初，主要从事简单维修，经逐步发展，能生产键盘凿孔机、大北制式收发报机、十四灯收信机。1956年开始，专业生产有线通信载波设备和配套仪表以及专用电子元器件等产品，其中包括研制第一台国产机械式BD055型电传打字机（图3-3）和第一套国产303型电子管3路载波机。以后陆续研制电子管3路、12路、600/960路载波机、晶体管60路等载波机、电子电传机以及国内最早的300KHz、600KHz系列各类仪表。1974年，开始研制1800路终端调制设备及增音机。70年代后期，开始研制生产数字通信设备和光纤通信一、二、三次群设备，并为中国第一条数字传输光纤通信试验公用网提供了光端机及脉码调制（PCM）设备。1979年，在组织铁氧体外销的同时，与港商签订加工组装收音机的合同。1982年引进组装美国Vic－20型微型处理机。1984年7月与瑞典飞利浦电子有限公司签订补偿合同，引进一套PACT220型电子电传机的技术生产线及其主要配套设备、工夹模具，年装配生产能力为3000台。在此基础上发展，并能生产微机控制的多功能、带显示的中英文电子电传机。1990年对放电管生产线进行技术改造，由年产100万只提高到200万只。

图3-3　BD055型电传打字机

产品有载波、电报、仪表、元件、脉码调制（PCM）设备和光纤通信等五大类共200多个品种规格，先后有1项产品获国家银质奖、20项产品获邮电部优质产品证书、2项产品获上海市优质产品证书、6项产品获国家经委优秀新产品奖、2项产品获上海市优秀新产品奖。该厂还获得上海市和邮电部“质量管理奖”和国家二级企业称号。至1990年年底，共有职工2540人，固定资产原值2995万元。厂地面积13.4万平方米，厂房面积10.68万平方米。当年生产各类电报通信设备1005部，载波通信设备220架，数字通信设备682架，工业产值5772万元，利润655万元。

“创造力”是核心

党的十一届三中全会实现了党和国家工作重心的伟大转折，随着国民经济的恢复和发展，人民群众对于通信的需求越来越迫切。打开国门才发现，我国通信技术和装备的整体水平与发达国家差距巨大。为实现通信装备的现代化，邮电部门果断决策，走高起点、跨越式发展道路，实施了引进、消化吸收、再创新三步走的技术发展战略。1980年，从邮电部工业局转制而生的邮电工业总公司成立了，开始实施引进、合资、合作战略，以改造和提升通信工业技术水平，为通信建设提供急需的先进设备。

1984年，通信领域第一家中外合资企业上海贝尔电话设备有限公司成立。邮电工业总公司调集骨干力量，协助邮电部进行了技术引进的考察、谈判和合资公司的筹备等工作，并担任合资公司第一任中方董事长。至1998年年底，该公司累计生产程控电话交换机3300万线，占我国通信网上交换机总容量的25%，交换机硬件国产化率超过75%，软件国产化率超过90%，有力支撑了国内通信网建设和发展。此外，工业总公司及其所属的其他工厂，也分别在光纤光缆、数字微波、移动通信等先进技术领域，与国外合作成立了一大批企业，有力促进了国内通信工业的技术改造和升级换代，带动了国内企业发展壮大。

在引进、消化吸收的基础上，从20世纪90年代起，邮电工业加大了自主开发和创新的步伐。1991年12月，由邮电工业总公司和解放军信息工程学院联合开发的我国第一套万门数字程控交换机HJD04机研制成功。时任国务院副总理的朱镕基同志称赞“04机吹来一股清风”。为推动04机大规模产业化，邮电工业总公司又与解放军信息工程学院联合组建了巨龙公司。同时上海邮通自主研发的HJD-55型万门数字程控交换机也通过了国家入网检测，在国内各地乡村、厂矿全面铺开。到1998年年底，04机累计销售1700万线，占我国局用程控交换机总容量的15%，并远销海外市场多个国家和地区。04机的成功带动了我国在数字程控交换机领域的群体突破。此后不久，大唐、中兴、华为等一批企业相继研制成功万门数字程控交换机，大规模装备我国电信网，形成了通信产业内称道于一时的“巨大中华”群星闪耀的壮观景象。

1999年，为进一步适应通信技术发展趋势，加快市场化步伐，邮电工业总公司更名为中国普天信息产业集团公司。在最具发展前景的第三代移动通信技术领域，成立后的中国普天大力支持中国自主知识产权3G标准TD-SCDMA，原上海普天程控研发团队和邮电部一所合并，专门开发3G TD-SCDMA产品。普天成为TD产业联盟创始成员单位之一，并曾两度担任联盟轮值主席。在TD网络国内商用的一期到四期工程中，普天稳稳占有一席之地，成为国内主流供应商，为 TD 产业化的成功作出了重要贡献。

原邮电部上海通信设备厂于 1993 年 7 月进行股份制改制。同年 10 月 18 日，公司 A 股在上海证券交易所挂牌交易；1994 年 10 月 20 日，B 股上市。2006 年 11 月 14 日，上海邮电通信设备股份有限公司正式更名为上海普天邮通科技股份有限公司。

起步：开始 AFC 的研发

普天轨道的起步非常偶然。改革开放促使普天打破了垄断的铁饭碗，把一群朝南坐的人推向了市场。普天起初也享受到了政策的红利，早年中国所有的电信设备都是由中国普天来生产，外资电信设备企业要想在中国投资建厂，必须跟中国普天合资。于是，中国普天逐渐成为中国最牛的电信设备合资巨头，像爱立信、西门子、朗讯（AT&T）、摩托罗拉、诺基亚、北电等所有当年著名的全球电信设备巨头都与中国普天合资。

正是拥有了这样的机遇，普天才有了国内最好的装备和市场，也让普天能迅速地和世界接轨，有机会看到了轨道交通的市场机遇。

1996 年，华为在程控交换机行业异军突起，以高薪挖走了普天轨道的大部分开发力量；同时为迅速开发移动 3G-TDCDMA，避免移动市场被国外垄断，普天轨道抽调部分力量到邮电一所，合力开发 3G 产品，为国家 3G、4G 的发展奠定了技术基础。此时，以韦强、周向争、陆浩曾、李放鸣等原来程控交换机开发人员为主的核心留守班底，和公司终端机械设计的研发团队，在时任传输分厂总工程师陆仁元带领下开始了 AFC 的研发。

蹒跚学步

1996 年，受上海地铁 AFC 系统国产化课题之托，由上海普天传输分厂总工程师陆仁元牵头，原 HJD55 型程控交换机研发部分留守团队开始参与轨道交通 AFC 系统的研发，并成立 AFC 事业部（该部门以下简称“普天轨道”）（图 3-4—图 3-6）。

在此期间，普天轨道先后与国际轨道交通知名企业合作，使产品的技术水平从一开始就处于国内领先地位（图 3-7，图 3-8）。

图 3-4　普天轨道 AFC 事业部原址

图 3-5　普天轨道 AFC 事业部办公场地原址

图 3-6　普天轨道初创的部分员工

图 3-7　与日本信号、丸红等国际知名企业合作协议签字现场

图 3-8　与日本信号交流国产化检票机机芯生产情况

1998 年 11 月 1 日，普天轨道研发的磁卡 AFC 系统在天津地铁开通运营，标志着国内第一套 AFC 系统正式运营，同时也开通了国内轨道交通第一张非接触 IC 卡储值车票。天津是国内最早拥有地铁的城市之一（1984 年 12 月 28 日天津地铁 1 号线正式通车），天津地铁也是最早接触自动检票机、自动售票机、票房售票机、储值卡等新理念、新变化的地铁（图 3-9—图 3-11）。

图 3-9　与天津地铁研究 AFC 系统安装方案

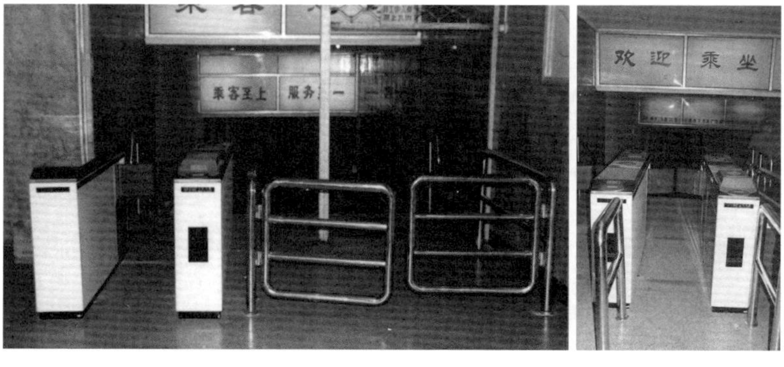

图 3-10　天津地铁磁卡 AFC 系统试验段开通

新产品的应用免不了有诸多不适应。对国内大多数乘客来说这是一个完全新鲜的事物，刚开始时拿了卡也不知道如何使用，刷了卡还从三杆下钻过去，莫名有了机器恐惧症。站务人员对这套系统也非常反感，担心新设备上来售票员会丢了饭碗，因此一度称自动售检票机为“下岗机”。经过技术人员的细心解释，“这不是下岗机，早日掌握新技能，对自身是一种提高，才能适应新形势”，以及员工培训，站务人员才慢慢地从抗拒变成了接受，开始熟练地使用鼠标、查看报表，维修工班学会了调磁头、调场强、检修设备。

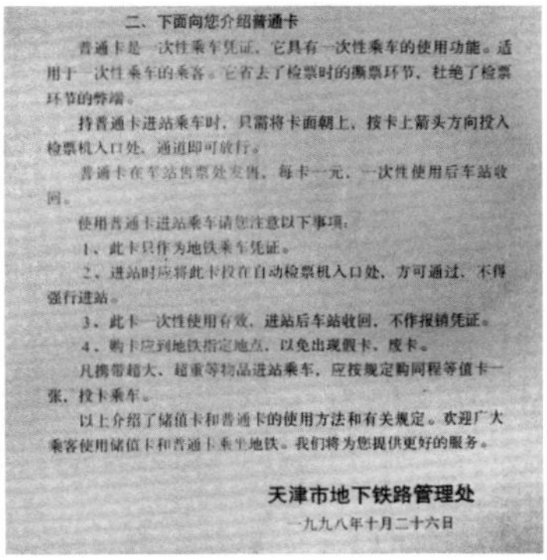

二、下面向您介绍普通卡

普通卡是一次性乘车凭证，它具有一次性乘车的使用功能。适用于一次性乘车的乘客。它省去了检票时的撕票环节，杜绝了检票环节的弊端。

持普通卡进站乘车时，只需将卡面朝上，按卡上箭头方向投入检票机入口处，通道即可放行。

普通卡在车站售票处发售，每卡一元，一次性使用后车站收回。

使用普通卡进站乘车请您注意以下事项：

1、此卡只作为地铁乘车凭证。

2、进站时应将此卡投在自动检票机入口处，方可通过，不得强行进站。

3、此卡一次性使用有效，进站后车站收回，不作报销凭证。

4、购卡应到地铁指定地点，以免出现假卡、废卡。

凡携带超大、超重等物品进站乘车，应按规定购同程等值卡一张，投卡乘车。

以上介绍了储值卡和普通卡的使用方法和有关规定。欢迎广大乘客使用储值卡和普通卡乘坐地铁。我们将为您提供更好的服务。

天津市地下铁路管理处

一九九八年十月二十六日

图 3-11　天津地铁 IC 卡储值票使用介绍部分内容

相较上海、广州地铁的国外培训，天津地铁的培训条件是非常艰苦的，但是这丝毫没有影响学员们的热情，也正是这样使天津地铁也跻身第一批 AFC 队列（图 3-12）。

图 3-12　天津地铁 AFC 系统应用培训

初出江湖

1999 年，普天轨道开发了民航机场建设费 AFC 系统。这个项目的开发难度极高，不仅需要自动售票机支持纸币接收和找零功能，同时也能支持信用卡购票功能，难度更大的是还需要自动检票机提供机场建设费发票。这一技术要求远远高于纸币找零，有诸多技术难关需要攻克：设备尺寸要小，放在检票机头端，尺寸必然受到限制；出票速度要满足乘客行走的速度，达到 1 秒 / 张；要打印当天日期；如果厚度检测出两张，则需要及时将票回收，避免机场损失。还有一个事先难以预料的问题：由于建设费发票生产的单位不固定，纸张的表面处理也会有差异。这些问题统统摆在了普天轨道的设计师面前。而最终这些有着十多年设计经验的工程师不负众望，圆满地攻克了最初看似不可能解决的问题。国外同行赞誉："这个技术了不起，我们都不敢接！"（图 3-13—图 3-15）

图 3-13　上海浦东国际机场机场建设费 AFC 项目签约仪式

图 3-14　上海浦东国际机场机场建设费自动售票机

图 3-15　上海浦东国际机场机场建设费设备装配工厂

1999 年，普天轨道生产的 AFC 设备获得上海市级新产品和优秀新产品二等奖；2000 年，又被认定为“2000 年度国家级新产品”，获得了多项发明专利（图 3-16—图 3-18）。

从 2000 年开始，普天轨道凭借精湛的技术和设计能力，经上海地铁牵线，通过了美国 Cubic 公司的考察，获得了 CTS 许可，开始为上海地铁提供单向、双向检票机，安装在上海火车站、

奖 状

上海邮电通信设备股份有限公司 AFC自动售检票系统

荣获一九九九年上海市优秀新产品

贰等奖

获奖号：992057

上海市经济委员会

二〇〇〇年四月

图 3-16　上海市级新产品和优秀新产品二等奖

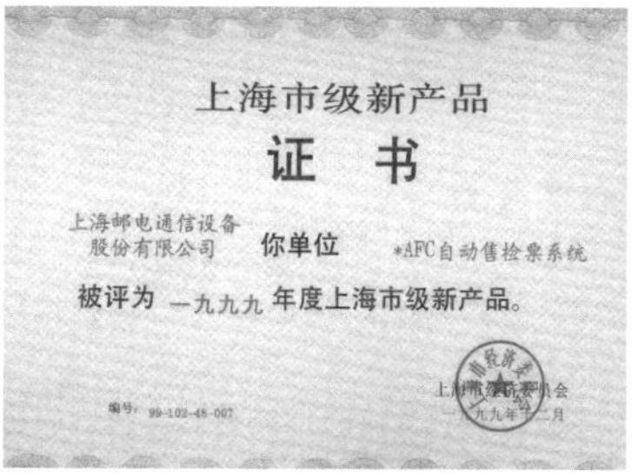

上海市级新产品

证　书

上海邮电通信设备股份有限公司　你单位　*AFC自动售检票系统

被评为 一九九九 年度上海市级新产品。

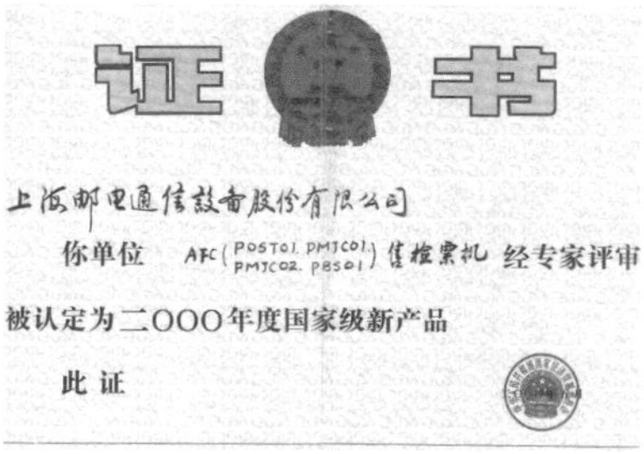

证　书

上海邮电通信设备股份有限公司

你单位 AFC（POST01 PMTC01 PMTC02 PBS01）售检票机 经专家评审

被认定为二OOO年度国家级新产品

此 证

图 3-17　1999 年度上海市级新产品　　图 3-18　2000 年度国家级新产品

人民广场等客流量最大的地铁站点。普天轨道提供的设备在原Cubic 设备基础上做了许多改进，并且经受住了超大客流量的考验，运行期间一切正常，得到地铁工作人员的认可，被誉为可与 Cubic 技术水平媲美（图 3-19—图 3-22）。

图 3-19 美国 Cubic 公司检查样机

图 3-20 美国 Cubic 公司参观普天

图 3-21　美国 Cubic 公司参观普天 IC 卡三杆检票机

图 3-22　上海地铁陆家嘴站双向检票机

发展：从“小白”到“大拿”

起步阶段公司策略是引进消化，拿来主义和国产化两条路齐头并进。在此期间得到陈凤敏老师的大力支持，倾囊而授。也靠日本丸红株式会社的牵线搭桥，与日本信号公司开始了战略合作。就这样边学习边研发，我们从行业的“小白”，逐渐变成了“大拿”。

与日信的合作不是简单的拿来主义，我们是请日信解决核心问题，共同开发符合中国市场需要的产品。同时我们负责整机设计，采取“以我为主”的策略。其间，我们看到了国内轨道交通市场蠢蠢欲动的前景。普天轨道一度试图与日信合资，但是双方最终没有走到一起。

正是因为“两条腿走路”的方针的正确，让普天轨道不依赖任何人，也为后续普天轨道研发的薄型非接触卡设备成为行业标准奠定了基础。

大连快轨 3 号线的弯道超车、一战成名，让更多的国内企业开始了解和涉足 AFC 行业，也成就了国内企业与国外企业全面抗衡的局面。

羽翼渐丰

在取得成绩的同时，普天轨道也看到了磁卡系统的一些弊端，开始了创新之路，由此改变了整个轨道交通 AFC 系统的格局。

2002 年下半年到 2003 年上半年，普天轨道成功开通了大连快轨 3 号线的 AFC 系统。这一项目对普天人来说是不小的挑战。

首先是薄型非接触 IC 卡的选型，在安全性、读写寿命、卡片封装、厚度、机具方面，当时都没有成熟方案。经过普天轨道技术人员的反复论证，以及与飞利浦技术人员的多次沟通，最终确定以飞利浦的 Mifare Ultralight（UL）卡作为介质，厚度定义为 0.45mm ～ 0.5mm，读写器寿命定义为大于 10 万次，存储空间不下于 512bits。使用方式选用"插进插出"还是"照进插出"也探讨了许久。设备研发上也面临不少挑战，低温、强静电、光线干扰等。困难被一个一个克服，问题一个个被解决。

2003 年 5 月 1 日，对大连轨道交通来说是一个值得纪念的日子。从市区通往金石滩的大连市首条轨道交通线路大连快轨 3 号线顺利开通，这也是东三省的首条轨道交通线路，同时开通运营了全球首个采用全非接触式 IC 卡车票的 AFC 系统。这个系统同时支持 UL 单程票、M1 卡、CPU 卡储值票三种形式，并顺利接入大连城市公共交通"一卡通"系统，实现了公交和地铁的互联互通。

大连快轨 3 号线 AFC 系统包括 1 个中央控制中心（LC）、11 个车站计算机网络系统（SC），车站设有自动检票机（拍打门）、票房售票机、全自动售票机、初始化编码机、手持验票机等。线路开通后客流量突破日平均 10 万人次，AFC 系统和设备工作稳定高效，交易数据准确。普天轨道凭借 AFC 设备在一期工程中的优异表现，顺利承接了大连快轨 3 号线 AFC 系统二期等后续项目（图 3-23—图 3-27）。

2004 年 7 月，普天轨道又中标成为上海地铁上海南站车站 AFC 系统工程的设备供应商。这是一个"硬骨头"项目，时间短、任务重，要求在上海南站地铁站建成的同时将原来的新龙

图 3-23　大连快轨 3 号线拍打门自动检票机

图 3-24　大连快轨 3 号线自动售票机

图 3-25　大连快轨 3 号线票房售票机

图 3-26　大连快轨 3 号线线路计算机系统

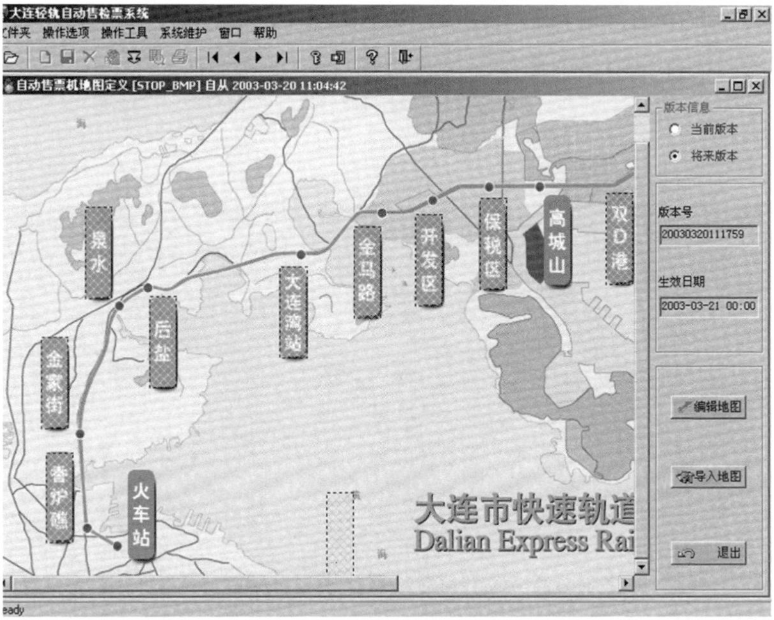

图 3-27　大连快轨 3 号线线路计算机系统软件界面

华地铁站取消，新系统要无缝接入原有的地铁 1、2 号线在线运营 CTS 系统中，同时自动售票机还要增加全新的纸币功能。

据当时公司内部报道：“经过 2004 年 7 月份的投标竞争，上海邮通公司有幸成为上海地铁南站站 AFC 系统工程的设备供应方，本次上海地铁南站站 AFC 系统工程设备合同于 2004 年 8 月 25 日正式签订。在 10 月 1 日提供了首批设备，10 月底提供了所有设备，包括 14 台自动售票机、11 台人工售票机、2 台自动验票机、35 台三杆式闸机、2 台自动兑币机及 1 套车站计算机系统，保障了上海地铁南站站顺利的整体搬移。”

考验是巨大的，结果却也超出了预期。整个系统陆续通过测试联调认可，所有设备全部测试合格，普天轨道自行设计研发的纸币全自动售票机初次投入使用即满足了所有的功能要求，得到地铁测试小组成员的一致赞许（图 3-28—图 3-31）。

图 3-28　上海地铁南站站自动售票机组

图 3-29　上海地铁南站站半自动售票机组

图 3-30　上海地铁南站站检票机组

图 3-31　上海地铁南站站自助查询机

小有成就

2005 年，普天轨道参与了上海地铁 1、2 号线磁卡自动检票机改造非接触 IC 检票机项目。改造工程难度高、周期短、压力大：6 个作业班组、1 个技术支持组、1 个抢修组、8 台工程车、车间 24 小时待命、15 天时间、29 个车站、1 千多台设备。普天在项目执行过程中克服重重困难，交出一份完美的答卷，赢得了“上海市科技进步一等奖”的荣誉（图 3-32—图 3-34）。

图 3-32　上海地铁 1、2 号线磁卡设备改造

图 3-33　上海地铁 1、2 号线磁卡设备改造期间告示

上海市科学技术奖

证书

为表彰上海市科技进步奖获得者，特颁发此证书。

项目名称：城市轨道交通自动售检票系统"一票换乘"应用研究

获 奖 者：上海邮电通信设备股份有限公司

奖励等级：一等奖

上海市人民政府

证书号：20064530-1-006

2006年11月24日

图 3-34　普天轨道获上海市科技进步奖证书

高峰：先发优势带来市场机遇

先发优势也给普天轨道带来了市场机遇。经过激烈的竞争，普天轨道首先斩获了长春快轨 3 号线项目。

长春快轨 3 号线项目是一个不小的挑战。长春快轨 3 号线一期工程 2002 年就开始运营了，但是当时用的还是纸质车票。二期工程上马时，地铁领导想做梯级票价，苦于没有合适的解决方案。

普天当时还没做过高寒地区项目，缺乏实际经验，况且长春快轨设计时并没有考虑自动售检票的位置，设备只能在半露天的位置摆放。时任事业部副总经理韦强提出了解决方案：设备做双层不锈钢，像保温杯一样隔绝空气流动，保证设备工作温度；采用小功率多配置加热模块，避免单点过热，均匀加热；取消票卡模块皮带，取消升降装置，采用滚轮传动，大回收箱设计。这一大胆的设计给长春轻轨吃了定心丸。以至于在10多年后他们对该线路是否需要升级改造提出了质疑——除有机玻璃花了外，其他设备都可正常使用。

长春项目执行中，吉林银行想刷银行卡过闸，找到业主方和普天轨道。普天轨道也是第一次接触PBOC，读写器专家陆浩曾热情地接待他们。之后经过几十个日日夜夜，制定方案、修改读写器、准备各种测试卡，终于在长春轻轨3号线开通运营时，保证了银行卡刷卡消费同步上线。

2006年，普天轨道成功开通了长春轻轨3号线AFC系统。借着奥运会、世博会的东风，普天轨道先后承接了北京昌平线，重庆地铁1号线、3号线二期、3号线南延线，上海地铁2号线西延伸线、西西延伸线、东延伸线，上海地铁8号线、10号线等多个项目，开始迈向普天轨道交通事业巅峰（图3-35—图3-37）。

图3-35　重庆地铁1号线开通试运营

图 3-36　重庆地铁 2、3 号线设计联络会

图 3-37　北京昌平线 AFC 系统调试

黯淡：逐渐掉队

IC 卡替代磁卡是一种进步，同时也降低了 AFC 系统的门槛，新入行的企业越来越多，中软、网新、方正等系统集成企业开始涉足 AFC 行业。市场上出现了低成本恶性竞争等现象。行业利润急剧下滑，各个企业都面临着生存的压力。

此时，普天轨道内部也出现了生产管理、项目队伍、资源筹措不及等方面的问题。普天轨道起初以产品质量和技术能力，得到业主的认可。然而普天擅长的主要在产品设计和制造方面，在项目执行和管理方面没有足够的经验。面临项目多地开花的局面，一时没能组织好项目管理团队和内部协调工作，以致现场和内部管理出现了矛盾。

人员方面问题也很大。首先，新兴企业要快速增长，因此他们愿意付出更高的代价。普天的员工待遇普遍低于同行业水平，部分人员开始流失。其次，普天是老国企，肩负的责任大，包袱多，人员逐步老化，新生力量无法挑起大梁。再次，接到的项目多了，老国企的傲慢情绪也出现在部分领导干部身上。

正因如此，普天轨道开始逐渐掉队，没能及时跟上市场变化的大潮。

引进：打开另一扇窗

普天 AFC 团队是否还要保留？这个行业何去何从？如何生存？这些问题摆在了上任不久的上海普天新领导班子面前。他们着手调查、沟通，迅速了解行业背景，倾听多方的建议。

上海普天领导主动找到当时在网新的韦强，一方面想了解其他企业如何发展，一方面也想听听建议，同时也邀请韦强带团队回到普天，帮助普天摆脱困境共同发展，前前后后商谈了将近一年的时间。韦强提出，普天要想摆脱现在的窘境，必须走市场化道路，全面和市场接轨，大举引进人才，优化自身团队，调整薪资水平，不合适的人、给企业带来负面影响的人员就靠边站，让真正有想法的年轻人有施展的舞台；普天应发挥央企的资本优势和集团优势，高举高打，向总包、BOT 方向发展，占领市场高度，同时多元化发展，避免产品和市场单一。

这些理念说服了上海普天新领导班子，而韦强他们从中也看出上海普天新管理团队坚定的做事决心和雷厉风行的做事态度。2012 年 6 月，裘哲雷带队，韦强、夏芸、温冰等人正式回归普天（图 3-38）。

当时，一些老员工对公司的这一举措不是很理解，质疑声不断：为啥高薪聘请这些团队回归？他们能不能给公司带来起色？有没有能力管理团队？而在上海普天新领导班子的支持下，新领导团队进入后，大胆实施改革。首先，改变国企员工懒散的工作态度，调整工作环境，让团队感到新的起色；其次，在

图 3-38　裘哲雷带队哈尔滨进行 BOT 项目交流

各个口子补充专业人才，修补企业内部短板，其间以翟磊为首的系统软件团队开始加入，给普天系统软件开发增添了力量；再次，调整组织架构，以项目型组织架构来应对市场变化，积极开始四面出击，做好市场宣传工作，加紧研发新一代产品，跟紧市场步伐，引领技术发展方向。原先的通信团队也纳入AFC 事业部，成立轨道事业部，为后续总承包发展做准备（图3-39）。

虽然融入很难，甚至老员工有意会出一些题目给新团队做做，但是通过几件事情漂亮地处理后，团队得到了认可，确实给普天团队打开了另外一扇窗。

企业的发展需要领导的决策，一个成功领导者，必须有决策的勇气和魄力，也必须有承担决策失败的勇气。

图 3-39　新团队第一次年度会议

突破：更多可能性

市场拓展初期异常艰难，有些业主甚至表示：“你们普天还在做 AFC 吗？最近都没来交流过。”但新团队没有气馁，而是更加努力。

小目标

虽然没有王健林“一个亿小目标”那么霸气，新团队也设定了几步走的小目标。考虑到在市场上不可能立刻得到认可，还是要踏踏实实地做一些小项目。

李西是一个从不服输的东北姑娘，主动要去啃上海某国际主题乐园这块硬骨头。因为普天介入太晚，又不属于上海地方企业，老员工一边泼冷水，一边在等着看笑话。然而李西凭借优秀的英语和专业水平，主动和外方联系，精心策划，最后通过技术方案和强有力的沟通能力，得到了外方的认可，成功地拿下了上海某国际主题乐园项目。

机会只给有准备的人。普天人抱着对自身精湛技术的信心，牢牢地抓住了这个机会，出色完成了任务。国际主题乐园外方代表声称：“普天提供的产品比以往的产品都要好。”项目开通之际，外方风趣地在预约机上打出了“Thank you William and LJ”，这是对时任普天主题乐园项目经理的朱玮亮（William）和技术经理江良工作的充分肯定（图 3-40，图 3-41）。

图 3-40　普天轨道为上海国际主题公园提供的预约机

图 3-41　普天轨道为上海国际主题乐园提供的检票机

商用出击

2014 年是普天轨道收获的开始。自成功中标合肥地铁 1 号线之后，普天轨道连续中标昆明、温州、厦门、长春等多个项目。

这年普天轨道商用团队开始组建，万鹏飞、肖奎牵头的商用团队初出江湖。商用设备一直是普天轨道先行先试的突击队，2014 年研发了二维码检票就是一个好的例子。由于万达影院大力推广网络购票，在万达影院项目中首次试用采用二维码检票，这在当时是一个大胆的尝试。万达的后台系统在北京总部，这个方案引来了许多质疑：网络检票的速度能不能满足检票要求？网络断网情况如何降级处理？数据如何加密？如何防止重刷？商用技术团队经过大量测试，一毫秒一毫秒地抠时间，模拟仿真各种网络状况。这次突破为普天后续二维码检票技术提供了技术支持，证明了网络条件下检票的可能。也是通过这个项目，普天成功地获得了万达影院、英皇影院、上影影院等多个影院项目，同时将二维码验票技术推广到了更多行业应用，目前二维码检票技术已经是整个售检票领域的标准方案（图 3-42）。

在普天轨道 2017 年的调整中，商业团队也遇到了较大危机，资金问题导致了项目无法完成交付。2018 年 1 月至 2019 年 4 月，部门通过外部合作才避免了危机，同时还完成了关键性技术及市场积累。在这一年多的时间里，部门研发方面完成了关键性的影院硬件体系研发，产品系列得到广大影院客户青睐。市场方面不但中标了北京世园会闸机项目，而且中标了恒大海花岛票务硬件项目采购，极大提升了部门的信心；同时部门在此期间完成了供应链的梳理，使得部门可以轻装上阵，将工作重心放到核心研发、行业拓展、客户服务方面，为后续的更大发展带来可能。

图 3-42　普天轨道为万达影院提供二维码检票机

2019年4月，在时任普天轨道总经理黄宁宅、副总经理韦强的协调努力下，商用部门更名为智能产品事业部。新部门定位以智慧机场、智慧文旅（乐园、景区、院线、体育场馆）、智慧园区为主线开展业务，不但产品在此期间拿到了中航信认证、影院检票平台认证以及十多项外观专利及相关认证，而且对AI技术的落地应用尤其人脸识别技术在文旅、机场等行业推广应用发挥了积极作用。智能产品事业部交付的白云机场T2航站楼登机口的AB门人脸识别闸机开创了国内首例；融创乐园的线上线下人脸综合业务应用更是让普天轨道打造了一套文旅行业适用性极强的人脸识别系统，这也使得部门在更加激烈的市场竞争环境中迅速站稳了行业阵地，并取得了融创乐园（成都、重庆、桂林、济南、杭州、青岛）、徐州园博会、北京温榆河公园、东方明珠、观光隧道、京东宿迁总部等标志性业绩，年完成销售额3千万元左右。随着文旅市场快速发展和国家在民航四型机场建设的巨大投入，智能产品部门未来空间巨大，是对普天轨道核心业务的很好补充。

得偿所愿

普天轨道销售总监李西非常想为哈尔滨家乡人民做贡献，当得知哈尔滨地铁2号线要做BOT（基础设施投资、建设和经营的一种方式），就开始主动联系了解该项目的情况。因为投资项目需要通过中国普天集团办公会，上海普天轨道整个团队去北京集团汇报工作。

到北京初次沟通，就被劈头泼了一盆冷水："150亿元普天哪里拿得出来这么多钱？”“多少年才能还回来？”“我们普天从来没有做过这么大的项目，有没有能力做？”这盆冷水把刚刚点燃的热情瞬间浇灭了。

不服输的李西没有气馁，从上述那些话中，她品味到的含义是：“普天没有那么多钱，但还是可以投资；BOT 项目三年四次还款还是能够接受的；队伍有裘总、温总这些做过上海地铁八九条线的人，完全可以把项目执行好。”

于是李西再次出发，这时南京轨道（14 所）已经决定投资哈尔滨地铁 2 号线。据悉中交集团要来投资哈尔滨地铁 3 号线，李西立刻调整策略，找到中交集团商谈合作。经过谈判，中交集团同意普天参与联合体，负责通信、信号、AFC 等弱电系统。团队再次去北京，这次做足了准备工作，就战略、投资额、还款周期、还款风险保障等详细做了汇报，终于得到集团批准。

2015 年 5 月，普天轨道和中交集团联合体顺利中标哈尔滨地铁 3 号线二、三期 BOT 项目，总投资 264 亿元，其中普天投资 18 亿元（图 3-43）。

图 3-43　哈尔滨地铁 3 号线二期工程 BOT 项目签约

喜事连连

普天成功转型为轨道交通机电系统总承包商后，恰逢青岛13号线建设，普天经过激烈竞争中标了青岛地铁13号线机电总承包项目。为了更好地完成这个项目，裘哲雷请来了原申通地铁于可为等有着丰富经验的专家团队，建立了一套行之有效的管理办法和策略。在专家团队的指导下，项目顺利进展。特别是青岛总集成项目，克服了专业类型多、周期短等困难，按时保质地开通，不仅得到业主的感谢，更获得青岛集团颁发的“先进单位表彰”荣誉（图3-44—图3-46）。

图3-44　青岛地铁13号线弱电系统一期验收

图 3-45　青岛地铁 13 号线弱电系统一期 PIS 系统

图 3-46　青岛地铁 13 号线弱电系统一期 AFC 系统

这段时间 AFC 项目上演了连中两元，普天轨道拿下了长春地铁 1 号线、厦门地铁 1 号线，同时中标哈尔滨 3 号线一期机电总包项目。

意外：再起波澜

正在普天轨道业务一帆风顺之时，2016 年年底，上海普天新能源在浙江仙居投资的能源中心项目，却面临合作方浙江大卫资金短缺、建设施工停滞并欠付款项的危机。由此银行担心还款风险，冻结了上海普天的银行账户。这场风波直接影响到普天轨道即将交付的几个项目。部件采购出现严重问题，部分骨干人员开始流失，各地业主都感觉到风险，纷纷上门来催进度。

困难当头，普天人开始自救。普天轨道主动停止了外接项目和投标工作，集中所有资源确保现有项目的顺利执行。“我们首要精力是保证项目的执行，项目执行得好，业务会找上来的。”这一过程中，不少供应商提供了支持和帮助，正是他们的信任给普天轨道解了燃眉之急。

合肥波澜

为了应对密集的项目交付，普天轨道引进了赵世海为首的终端开发团队，主要目标是升级原先在 Windows 环境下的终端软件，将其提升为更加可靠的 Linux 操作系统下的终端软件。

正在开发的合肥项目出现了终端软件开发团队人员流失的情况。为应对危机且不影响其他项目开发、保证 Linux 系统开发持续，总经理韦强带头、研发中心经理钱鸣亲自上阵接手编写合肥地铁代码。就此韦强解释道：“我们不能因一个项目团队出现问题，而波及其他项目的开发团队。另外我们管理层都是技术出身，一方面给业主以信心，我们管理团队的技术能力也是非常强的；另一方面也可以让领导们深入了解业主的新需求，能够有实际的体验。记得某个著名的地铁公司曾提出管理层要学会开地铁，而且每个月都要实操一次，这样不仅让管理层能体会一线员工的实际情况，也为意外事件发生做好应急方案。”

时任合肥地铁设备部长的吴良风说了一句话：“当时 10 月 1 日，本来要对普天兴师问罪的，我在控制中心看到你韦强正在编程序，我一句话也没说，转身就走了。我相信有老韦在项目肯定没有问题。”

经过几十个日日夜夜，每个节点都顺利通过，最后项目圆满开通，普天轨道得到了地铁集团的充分肯定（图 3-47，图 3-48）。

图 3-47　合肥地铁 1 号线 AFC 系统通过专家审查

图 3-48　合肥地铁 1 号线 AFC 系统通过专家审查

长春故事

长春地铁 1 号线项目中，由于普天轨道供货问题，特别是进口模块、部分关键模块迟迟不能到位，设备生产进度跟不上，地铁集团直接约谈上海普天。当时业主态度非常不客气，甚至提出要解除合同。普天轨道事业部总经理韦强解释说，普天已经得到集团的支持，资金有保障，供应商也保证积极支持完成项目，公司承诺一定确保项目进度。

一诺千金，普天人没有让长春地铁失望。那是一场没有硝烟的战斗，普天人个个奋勇当先，一班 12 个小时，每天两班轮流转，第一次做到发货一天一个站，为长春地铁顺利开通奠定了基础（图 3-49）。

长春地铁开通当天，业主特地邀请了上海普天相关领导参加发车仪式，对他们说：“你们真把我们吓得够呛，差点就准备考虑发纸票了。你们实力是有的，还是国企，我们相信你们会渡过难关的。”（图3-50，图3-51）

图 3-49　长春地铁 1 号线生产现场

图 3-50　长春地铁 1 号线发车仪式

图 3-51　吉林省委书记巴音朝鲁亲自购买车票

重生：新的希望

2017 年 5 月 29 日，普天集团领导邢炜来上海普天视察，看到车间里摆满的检票机，听到事业部总经理韦强的汇报后，立刻决定取消后续一切行程，让普天东信集团总经理周忠国立刻来上海商议。邢总说了一句话：“这些都是国家重点建设项目，工期节点必须保证。今天普天集团党组决定，东信集团必须支持轨道交通产品供应，同时派技术人员共同参与项目建设，确保项目按时保质完成。同时普天轨道必须抓紧从上海普天中重组出来，由东信集团管理，相关工作立刻成立专项工作组。”（图 3-52）

正是集团领导的这一个雷厉风行的决策，使普天轨道瞬间燃起了希望。

东信集团以王剑武为领导的工作组开始入驻普天轨道，帮助普天轨道解决资金问题、供货问题；同时集团总工马友谦带

图 3-52　厦门地铁 1 号线普天轨道生产装配现场

领集团软件开发团队，帮助提供软件和技术支持，以及已开通项目的维护和保障；集团维保负责人金海峰不仅派人员，还亲自担当温州 AFC 项目总监，协调生产和现场人员。

2017 年一年，普天轨道开通了哈尔滨地铁 3 号线一期、长春地铁 1 号线、昆明地铁 3 号线、厦门地铁 1 号线、宁波城际等项目，彻底打消了业主的疑虑。

2017 年 9 月 29 日，普天轨道交通技术（上海）有限公司成立，也搬进了新办公楼，正式以独立公司运营，并于同年 12 月转让给普天东方通信集团（图 3-53，图 3-54）。

图 3-53 普天轨道新公司办公场所

图 3-54　普天轨道第一次销售会议

在普天轨道新公司，一切都是新的，所有资质都要从头开始办理，人员队伍要配齐，规章制度要健全。重拾市场信心，其难度则可能比做一个新企业更难。然而，这次风雨，使得普天轨道发生了脱胎换骨的变化，更多资金注入，更多人员参与，所有项目表现均超出业主预期（图 3-55—图 3-57）。

队伍稳定了，信心重拾了。普天轨道子公司成立 4 年不到的时间，2020 年当年的营业额已经超过 8 亿元，连续拿下上海地铁 14 号线 AFC、上海地铁 5 号线通信、哈尔滨地铁 2 号线 AFC、杭州地铁 8 号线 AFC、洛阳地铁 2 号线 AFC、佛山地铁 3 号线 AFC、温州市域 S2 线 AFC、清远磁浮 AFC 系统等项目，同时有轨电车通信，商用售检票系统，机场、管廊系统等更是遍地开花。

图 3-55　温州轨道交通 SI 线开通运营

图 3-56　天水有轨电车示范工程（一期）开通运营

图 3-57　杭州地铁 8 号线开通试运营

变革：阿米巴模式

在公司发展的过程中，普天轨道不断挑战自我，大胆变革。

稻盛和夫，被称为日本的“经营之圣、人生之师”，作为日本的企业家兼哲学家第一人，在企业经营和人生理念方面均有独到而务实的见解。他用40年时间创建了两家世界500强企业，是目前唯一在世的日本四大“经营之圣”之一（另外三位分别是松下公司的创始人松下幸之助、索尼公司的创始人盛田昭夫、本田公司的创始人本田宗一郎）。

稻盛和夫的“阿米巴经营”理念及管理方式，被誉为“京瓷经营成功的两大支柱之一”。“阿米巴经营”基于牢固的经营哲学和精细的部门独立核算管理，将企业划分为“小集体”，像自由自在的重复进行细胞分裂的“阿米巴”以各个“阿米巴”为核心，自行制订计划，独立核算，持续自主成长，让每一位员工成为主角，“全员参与经营”，打造激情四射的集体，依靠全体智慧和努力完成企业经营目标，实现企业的飞速发展。

2021年3月，普天轨道总经理许宜斌上任后提出应用阿米巴的经营模式：“阿米巴核心十个字：公司平台化，小组企业化。我们公司就是搭一个平台让你们去发挥，你赚得多，你就拿得多。公司给你扶持、给你支持，只要你成功了，只要在这个平台上的无数个你成功了，那么公司就一定会成功，最终，最赚钱的一定是公司。”（图3-58）

即根据轨道交通市场的实际情况，将市场分成5大战区，每个战区即为一个阿米巴；另外生产、运维也成立一个阿米巴。每个阿米巴制定自身的发展计划和目标，成员自主组合，团队独立运营。使员工像老板一样努力干活，让公司上下一心、团结对外。这一改革给公司带来了不小的震动。

图 3-58 阿米巴经营模式

目前，普天商用团队通过阿米巴模式已经初见成效，不仅在市场上有很大的发展，并且在机场领域得到突破，拿到了中航信认证，产品也在多个机场落地生根（图 3-59）。这些变化让普天轨道有了新的形象展现。

一支有企业使命的团队，才能让企业发展得更好。市场是严酷的，大浪淘沙，没有长胜将军，每个企业都在商海中搏击，稍不留神，就会被拍死在沙滩上。唯有长期有效管理、团队的信念、技术创新、注重细节、流程改进，才能让企业立于不败之地（图 3-60）。

图 3-59 普天轨道在机场领域应用

图 3-60 充满活力的管理团队

第 4 章
筑梦：艰辛又快乐的自主创新之路

自主创新道路是艰辛同时又伴着快乐的旅程，坚持一个信念，抵制各种诱惑，有一颗坚强的责任心，企业才有未来，国家才有未来。

——普天轨道副总经理韦强

国产化：企业的核心竞争力

国产化的研制是一个艰辛又快乐的过程。最初接触之时，普天轨道在 AFC 行业完全是门外汉，只是闭门造车地从陈凤敏、殷锡金两位专家处拿了一些资料和照片就开始研究，对实际的技术原理并不很了解，就连 AFC 系统由哪些组成、到底需要做到什么程度也不清楚。

不过事实证明，拿来主义是前期学习的最好方式之一。经过陈凤敏的介绍，在日本丸红公司的牵线下，普天轨道和日本信号公司展开了合作。1996 年初第一次看到日本信号的自动检票机时，他们大开眼界——设备设计得像精致的随身听（Walkman），每个细节都是那么精巧，无论何种磁卡车票（ISO 标准票和 Edmondson 票）、无论哪个方向都可以投入，并可以每秒 2 米的速度搬运，同时完成读写校验、印字、打孔。日本信号的大岛先生说了一句话："我们做这个产品已经 30 年了。"（图 4-1）

图 4-1 日本信号磁卡检票机芯

普天轨道与日信合作的首要目标是设计一款符合中国国情的售检票系统。当时国内一台检票机的价格大概在 30 万元，磁卡每张 1.5 元，亟需降低成本。希望能够有一套循环回收和发售的模块，可以完成自动堆叠功能，同时方便搬运和加装。

一方面与日方做合作品牌产品，另一方面普天轨道也没有放弃自主品牌的开发。先理解学习，在设计过程中，首先考虑的是降低成本和提升可靠性的创新，如学习研究美国 Cubic 公司的技术方案，然后根据国情加以创新、优化，使研制出的产品成本更低、寿命更长、性能更佳。

道路艰辛

国产化道路并不是一蹴而就的，有许多基础而扎实的工作需要一步步去攻克。当时国外光电传感器价格非常昂贵，达到人民币 300 元一对，而仅回收发送模块一项就需要 10 多对，怎么办？只能发挥普天人自主研发的闯劲，深入研究电路原理、塑料模具，甚至研究透镜设计，最后自主研发出一款近距离传感器，成本控制在百元内一对（图 4-2）。

另一个难题是控制器（ECU）问题。当时的工控机和普通 PC 机一样大小，无法安装进设备，必须设计专用的 ECU 控制器。设备振动也比较大，不适合用机械硬盘，还要开发非易失性存储器（NVRAM）板，以满足存储的需要。

普天研发团队早期积累的程控交换机开发的技术派上了用场。主控板采用 8086 芯片，用汇编语言编写，同时还开发了 NVRAM 板、通信接口板。那段时间非常艰苦。直到 2000 年后有了 486 平台的 PC104 板和 PC104 多串口板，开发变成容易的事情。现在有了嵌入式单板机，ECU 问题算是彻底解决了。未

图 4-2　普天轨道自主研发的近距离传感器

来 ECU 的 CUP 国产化、嵌入 GPU 等技术成为趋势。

上海地铁 1、2 号线初期采用的是 DOS 操作系统和串口通信组网方式。2005 年上海地铁 1、2 号线检票机改造时，盛博公司在极短的时间内提供了机框式 ECU（图 4-3），无缝地更换下 Z80 ECU，组网方式也变成了以太网组网。DOS 操作系统下以太网 socket 通信是一个难题，普天研发团队花费了几十个日日夜夜，翻阅了大量国外资料，终于成功地解决了问题，为上海地铁 AFC 系统全部网络化提供了条件，也为上海地铁各种优惠卡、二维码支付、手机支付等提供了网络支持。

值得一提的是上海地铁 DOS 系统，一直承载着最为繁忙的上海地铁 1、2 号线的营运，直到 2020 年才由普天改造为 Linux。

图 4-3　盛博公司为上海地铁提供的 ECU

磁卡机芯

高矫顽力磁头和电路开发也是个棘手的问题。这种磁头要求非常高，支持三轨矫顽力要 2750Oe，并且要耐磨损。当时只有韩国 KDE 能够提供，辗转多次才联系到供应商。仅有磁头还不行，还需要自己动手开发磁卡的编解码电路。

磁信号看不见摸不着，土办法用铁粉 + 透明胶带刷在磁卡上看记录的情况。后来日信拿来了魔水（磁卡显影水），检查磁记录情况变得非常简单了。

原来的磁卡插入有方向性，磁卡表面都会印有箭头和打孔，磁卡面必须向下，乘客使用起来极不方便，往往因此造成检票口人员堵塞。普天设计开发的任意方向的磁卡机芯，获得了业内的高度评价。这个机芯巧妙地用了车票翻转方式，将车票调整到磁卡面朝下，并通过软件正反编码解决了磁卡方向问题（图 4-4）。

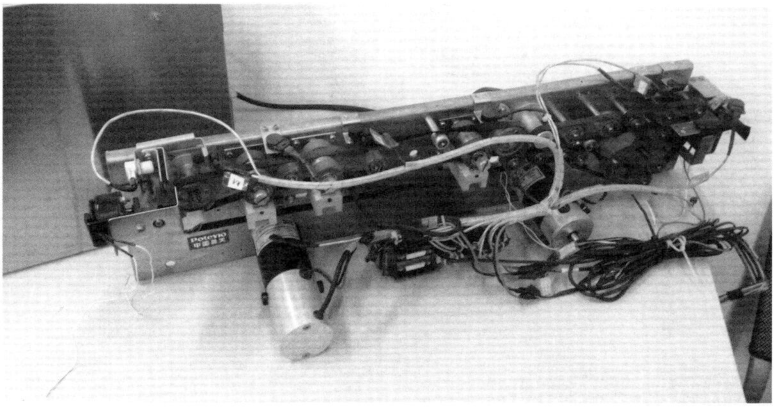

图 4-4　高速任意方向磁卡检票机芯

电机也是一个需要突破的难题。当时步进电机供应商非常难找，交流电机有较高的扭力和稳定性，但是不能满足安全性要求。步进电机直流电机需要配置非常大的减速器，还有寿命的影响。普天轨道通过软件和传感器进行精确控制，避免电机性能不稳定的情况。一路艰辛走来，终于全面了解掌握了地铁磁卡 AFC 系统的技术（图 4-5）。

图 4-5　普天为上海国际城市道路交通展提供检票设备

业主支持

自主创新的国产化道路离不开业主的大力支持。这一过程中，首先要感谢的是天津地铁。普天得到在天津地铁开试验段的机会，这简直是千载难逢。当时全国只开通了两条地铁，北京一条，天津一条。天津试验段让普天获得了难能可贵的第一手资料，也摸索出一套具有中国特色的 AFC 系统。

设备安装到天津地铁后，预想不到的问题便接踵而来。首先，始料未及的是电磁干扰太过强烈，通信经常会受到莫名的干扰，车辆开过电子屏幕也会满是雪花。主要原因一方面是设备安装的位置不合理，加上天津地铁设备比较陈旧；另一方面是在设备电磁兼容性上没有做好充足的准备。由于设备安装和车站较近，钢轨的铁屑会粘到电路板、磁头、皮带上面，造成短路并影响磁记录；大量的粉尘也会落在光电管上，影响设备的判断。其次，乘客的使用障碍较多，表现也五花八门：不知如何自助买票、如何投入磁卡、如何取卡，不知如何推三杆，等等。

广州地铁也为普天提供了许多设备和技术，并且同意将普天的设备放在 1 号线维修基地，与 Cubic 设备做对接测试（图 4-6）。

正是这些不可多得的一手资料，为普天后来的创新之路打下了坚实的基础。

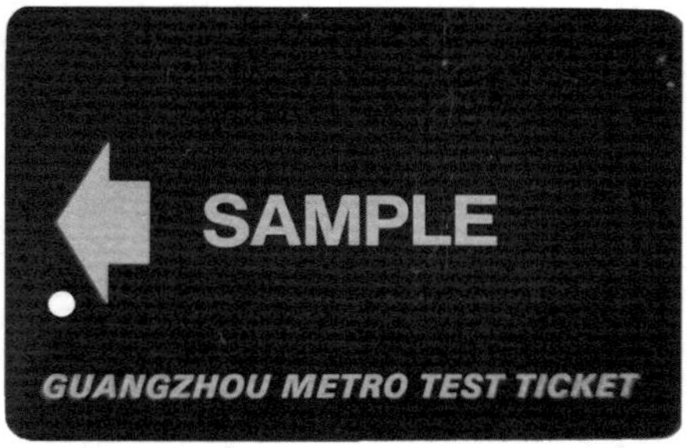

图 4-6　广州地铁提供的 Cubic 测试磁卡

敢于尝鲜

磁卡设备开发出来后，磁卡的缺陷显而易见，需要经常调校、清洁磁头，检查挟持力，地铁公司还要加入许多人力去擦洗车票。于是普天开始积极找寻 RFID 技术。这时法国斯伦贝谢公司来做技术交流，普天由此了解到飞利浦的 Mifare 技术，将厚实的飞利浦 MCM500 射频模块用到了闸机和 POS 机上，在天津地铁发行了国内第一张储值卡，开创了国内非接触储值卡的先河。随着技术不断提高，后来射频电路用一个小芯片就可以完成了（图 4-7）。

普天坚持不懈地对现有技术跟踪、打磨和创新。2003 年，普天研发的全非接触 IC 自动售检票系统在大连快轨 3 号线顺利开通运营。这个解决方案是全球首例，同时也引领了国内外轨道交通非接触 IC 卡时代的到来。目前国内手机 Pay、二维码、人脸支付等都是创新，科学技术的创新带来更多的商机和便利。2015 年普天研发的人脸识别检票机首次亮相上海轨道交通展，获得了好评，也获得人脸识别检票机国家专利（图 4-8，图 4-9）。

图 4-7　飞利浦 RC531 芯片

图 4-8　人脸识别检票机设备亮相上海轨道交通展

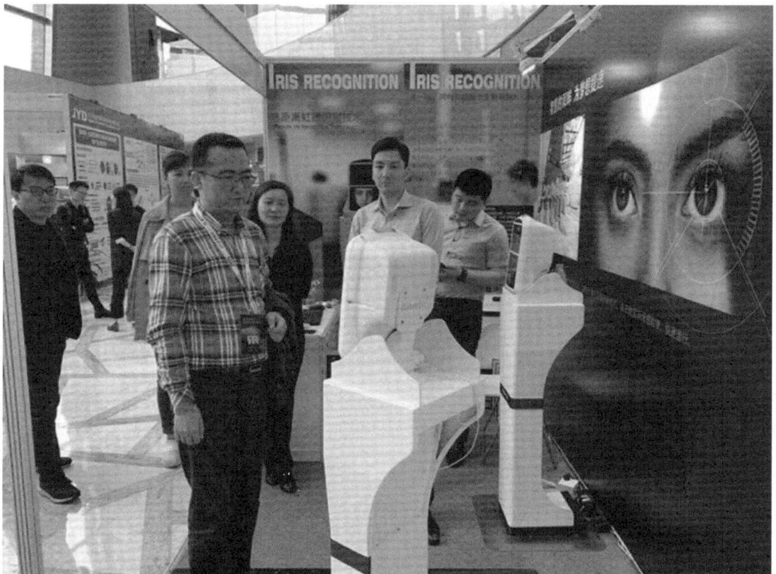

图 4-9　虹膜检票机设备亮相深圳轨道交通展

产品只有自主创新研制，才能拥有核心技术。企业只有走国产化道路，才能拥有核心竞争力。

岁月如梭，友谊长存：黄浦江行人隧道21年后再续前缘

如果说两个人二十年的友谊可谓是感情深厚，那两家企业二十年甚至更长时间的合作更是难得。图4-10这张尘封的老照片是1999年7月普天轨道中标上海知名4A级景区黄浦江行人隧道项目后，双方组织的一次签约仪式。在多数景区、地铁都还在采用纸质手撕检票的年代，普天轨道的景区售检票系统已经在多个项目落地。

1999年7月普天轨道为黄浦江行人隧道引入售检票系统使客户实现票务信息数据化，经过普天轨道始终如一的服务，客户系统稳定运行21年。

图4-10 1999年黄浦江行人隧道项目签字仪式

近年，互联网的浪潮一次又一次席卷传统行业，各景区的运营方式也在发生翻天覆地的变化，售票线上平台化、支付电子化趋势明显，票务系统自然也需要与时俱进，不断地提升和优化。在 2021 年 2 月组织的黄浦江行人隧道改造项目中，普天轨道再次中标票务系统软硬件改造项目。为了纪念双方合作 21 年同时将再续前缘的这一重要事迹，2021 年 3 月 5 日，双方再次组织了签约仪式（图 4-11）。交谈会上，黄浦江行人隧道相关负责人对普天轨道 20 年的服务给予高度评价，对其产品质量及服务保障给予了充分肯定。

图 4-11-1　2021 年黄浦江行人隧道改造项目签字仪式

图 4-11-2　普天轨道向上海行人隧道赠送老照片

普天轨道本次为黄浦江行人隧道打造了软硬一体的售检票系统方案。售票系统支持实名制购票，包括线上及线下部分，线上部分支持 OTA 平台售票、官网及小程序售票，线下支持售取票一体机购票、窗口购票、旅行社购票等。检票部分，普天提供了最新的 CP AFC 85 系列产品，该产品为普天聘用 IF 及红点奖工业设计团队精心打造的一款室内型摆动翼产品，设备集成了二维码、二代身份证、显示设备及工控设备、背景灯光指示系统等，预留了人脸识别功能，同时配备了手持终端作为应急使用。系统同时配置硬件管理平台、手机端数据看板等功能，方便管理人员实时掌握景区的运营状况，以采取有力措施即时调整运营策略（图 4-12）。

图 4-12　黄浦江行人隧道检票机

目前，经过普天工程师的详细现场需求调研及开发测试，新系统于 2021 年 7 月上线测试，8 月完成新老系统无缝更替。新系统正式上线运行，标志着双方的合作又将推向另一个高峰（图 4-13，图 4-14）。

图 4-13　2021 年 10 月 1 日普天和上海行人隧道开展党建工作志愿者活动

图 4-14　上海行人隧道向普天轨道赠送党建联谊纪念牌

普天轨道自 2014 年服务于上海某大型国际乐园后，先后服务了北京世园会，成都、重庆、桂林、济南、杭州等地乐园，恒大海花岛，张家界天门山观光隧道，东方明珠，徐州园博会等项目，为其提供票务系统软件一体解决方案。

基于自由研发体系及生产体系，普天轨道已经将文旅行业作为一个重点发展方向，订制规划了基于 SaaS 化的各类软件售检票平台、人脸识别系统、各类 RFID 识别技术，同时针对疫情推出测温、健康宝等检票设备，以满足景区、乐园等客户运营的各类需求。

新的启航：合肥轨道交通 1 号线 AFC 项目

2014 年 9 月，普天轨道成功中标合肥市轨道交通 1 号线一、二期工程 AFC 系统集成项目。合肥轨道交通 1 号线是合肥市第一条轨道交通线路，本次中标标志着普天轨道又开辟了一片新的根据地（图 4-15）。

合肥轨道交通 1 号线采用非接触式 IC 卡 AFC 系统，实现封闭式票务管理。系统建成后，要能满足网络化运营的要求，实现轨道交通专用票及“合肥通”的应用。系统以计程制为基本票制，以计时制为辅助票制，实现轨道交通 AFC 线路中心、车站等三级管理，通过不同的管理手段来实现对票、钱、人、物的全方位管理，以确保系统可靠、安全地运行。

在整个工程建设过程中，无论是老师傅还是年轻人，都秉承打响普天品牌的信念，奋战在一线，尤其老师傅，在其中发挥了不可替代的灵魂作用。“老师傅”以“老”称之，一是因为他们年纪较长，二是因为技艺老道。他们对待工作非常执着，专心专注，一丝不苟。而更重要的是他们对自己所从事的工作的热爱，这种热爱，足以帮助他们抗拒来自外界的种种诱惑，一心奉献，默默坚守。正如陈良老师傅所说：“我 16 岁进邮通，干了快 38 年了，现在还能发挥作用，能够见证合肥地铁的开通，是一件荣幸的事情。”

图 4-15　合肥地铁领导检查自动售票机

AFC 集成部负责结构设计的严中言师傅，为设计合肥设备周末几乎天天加班，这种正能量也带动了其他同事，结构设计部门的相关员工几乎都放弃了周末陪伴家人的机会，义无反顾地投入工作。AFC 技术质量部的顾竹青师傅默默地将白天做不完的资料带回家，彻夜完成，第二天早早打印好提交业主检查。还有更多的老师傅：郭志强师傅、张武敏师傅在做合肥设备样机的同时不忘传帮带，培养新生力量；王跃进师傅给予合肥项目变更指导；黄玮师傅给予项目关心和支持……

而作为普天轨交的新生力量，不少 80 后、90 后年轻人在关键时刻勇挑重担，承担起了长时间满负荷的工作。他们不惧严寒酷暑，奋斗在项目的第一线。总工曹子勇在工作最繁忙的时候，三天只睡了 6 个小时。林坚刚、邱佳琪、陆侃懋等保障人员积极承担客流最多的车站。在正式开通前，公司建议钱鸣带队的软件技术人员早点休息，钱鸣回复：还是要多看看多查查。

两年来，轨道交通事业部投入骨干力量，在工期日程不断提前的情况下，顶住压力，发扬长征精神，不怕累、能吃苦，如期完成了业主规定的工程进度。开通前夕，业主提出，希望能把原来准备跳站的 4 个车站同时开通，这一决定带给普天人巨大的压力。一句话，“拼了”。他们个个拖着疲惫的身躯，投入新一轮的奋斗（图 4-16）。

2016 年 11 月 20 日，在轨道交通事业部总经理韦强、合肥项目经理黄玮等人的陪同下，合肥轨道交通业主及有关专家对合肥轨道交通 1 号线 AFC 系统工程进行了竣工验收视察，业主们对普天的设备及系统给予了高度肯定。最终合肥轨道交通 1 号线 AFC 系统工程顺利通过了工程竣工验收。

图 4-16　普天合肥轨道交通 1 号线开通保障人员

合肥轨道交通 1 号线全线共 23 个车站加控制中心，团队 18 个人负责现场 23 个车站的保障，大家克服了种种困难，协调作战。开通前，由韦强负责总体协调，钱鸣、曹子勇、秦鑫峰等软件技术骨干带队保障，陆侃懋、李伟、杜伟、赵增龙等全力配合，林坚刚、邱佳琪、郭志强、林茂等硬件技术骨干带队，项目助理何倩也积极表示愿意随时提供支援。

合肥轨道交通 1 号线是合肥市第一条建成运营的地铁线路，也是全安徽的首条地铁线路，于 2016 年 12 月 26 日正式开通运营，标志色为红色。合肥人民对地铁热情高涨，地铁开通当天面临了大客流的冲击，到晚上运营结束，相关设备非常稳定。《安徽商报》就安徽地铁作了大版面报道，安徽电视台“新闻联播”栏目也做了专题报道（图 4-17，图 4-18）。

图 4-17　合肥轨道交通 1 号线开通运营

08 核心报道·关注

身板小本事大 “红掌柜”到岗啦

合肥地铁首批自动售票机亮相　现金、一卡通来者不拒

“合肥版”流线型闸机亮相

自动售票机啥功能?

有没有人工售票处?

售票机共有多少台?

图 4-18　安徽轨道交通相关报道

智慧突破：哈尔滨地铁 2 号线 AFC 项目

哈尔滨地铁 2 号线一期工程于 2015 年开工，全长约 28.7 千米，共设 19 座车站，全部为地下车站。哈尔滨地铁 2 号线是哈尔滨地铁的第三条线路，这条线路也是中电科南京轨道的 BOT 项目。2020 年 5 月普天轨道经过激烈竞争斩获了该线路的 AFC 系统集成项目。这个项目的中标无疑是给普天轨道在哈尔滨地铁 AFC 项目最大的支持，普天轨道已经开通了哈尔滨地铁 3 号线一期 AFC 项目，正在执行 3 号线二期、三期 AFC 和 ACC 的改造建设，在这样的背景下，普天轨道与哈尔滨地铁联手策划和打造新架构下的 AFC 智慧系统，提供更人性化的服务。

智慧化设计

随着移动互联网、信息化技术的快速发展以及城市轨道交通线网规模的不断扩大，“智慧化”已成为轨道交通技术发展的新趋势。2020 年 3 月，中国城市轨道交通协会发布了《中国城市轨道交通智慧城轨发展纲要》，开启了智慧城轨建设的序幕，也指导了智慧化发展方向。

哈尔滨地铁 2 号线一期线路是全国首条线网型智慧地铁，而且还是建立在高寒地带。项目建设初期，普天轨道和哈尔滨地铁就提出在新形式下，AFC 系统需要打破原先老旧的系统架构，由传统的 5 层架构，取消 LC 层，调整为 4 层架构。同时 ACC 建设采用云平台建设，把大数据和智能运维同步建设，从顶层开始设计，为哈尔滨地铁 AFC 系统智慧化发展提供基座。

在智慧化方面，重心在智慧化客运服务，提高乘客的舒适度，通过智能化设备引导乘客，为乘客提供咨询服务和疑难问题解答，也能通过视讯服务及时响应乘客的服务需求。

语音识别和智能客服设计

随着哈尔滨地铁线网逐步的扩大，地铁受众面越来越广，乘客问询业务需求量逐步上升。为了解决由于地铁线路复杂带来的部分乘客只知目的地不知如何选择线路、地铁站的问题，此次系统设备配备了语音识别模块，提供智能语音识别服务。该智能语音识别功能可以在嘈杂的环境中将语音准确的转换成文字，并能给出最快捷的地铁线路建议，同时可以准确识别目的地点名称，目标地铁站名称等文字，适用于各年龄段人群。

2017 年，普天曾经与科大讯飞合作，在合肥轨道交通 1 号线首次实现了语音购票功能。2018 年 4 月，上海南站部分售票机可通过人机语音对话完成购票功能。这次哈尔滨地铁项目中，普天与阿里的合作在语音语义识别上更进一步，将原来单机版的方案，提升为云平台方式建设，为更多的语音服务和第三方服务提供了可能。

这次一个大的难题是地铁方提出希望能够支持俄语，为此阿里特地针对项目开发了俄语语音识别功能。为了确保俄语的准确性，聘请外国语学校学生参与测试和验证。这也是轨道交通首次实现了三语种语音识别。

为了满足及时和面对面的交流，系统同时在智能服务终端增加了视讯对讲功能，并配套安装人工坐席用于远程音视频服务和指导。当乘客通过自助操作失败或者在乘客需要咨询帮助时，可通过智能服务终端与视讯客服坐席发起音视频交互请求，乘客可在客服代表的指导下进行设备自助操作，或向客服代表实现问询、投诉等服务，增加了乘客的体验感。

在指导乘客操作过程中，仍然不能解决乘客问题时，智能服务终端能在乘客与视讯客服坐席进行音视频交互时，实现远程桌面共享，实时上传乘客显示器当前画面的操作信息，客服代表代替乘客去完成剩余操作。

通过以上智能化设计，让乘客得到好的体验，让站务人员能够提供更佳的服务（图 4-19）。

网络优化支持互联网业务

在哈尔滨地铁 2 号线项目实施过程中，为了实现智能服务、视讯对讲和操作、人脸识别、二维码购票和进站这些新需求，普天通信团队对复杂的地铁网络架构进行了优化设计，确保了系统稳定。

图 4-19　哈尔滨地铁 2 号线智能客服

除通信传输网支持的传统业务外，还增加了车站网络设备间裸光纤组环，用于支撑语音识别、视讯通话、人脸识别等对网络时延和带宽要求较高的互联网业务，同时各类业务网用 VLAN 隔离互不影响，提高了整体安全稳定性和实时性（图 4-20）。

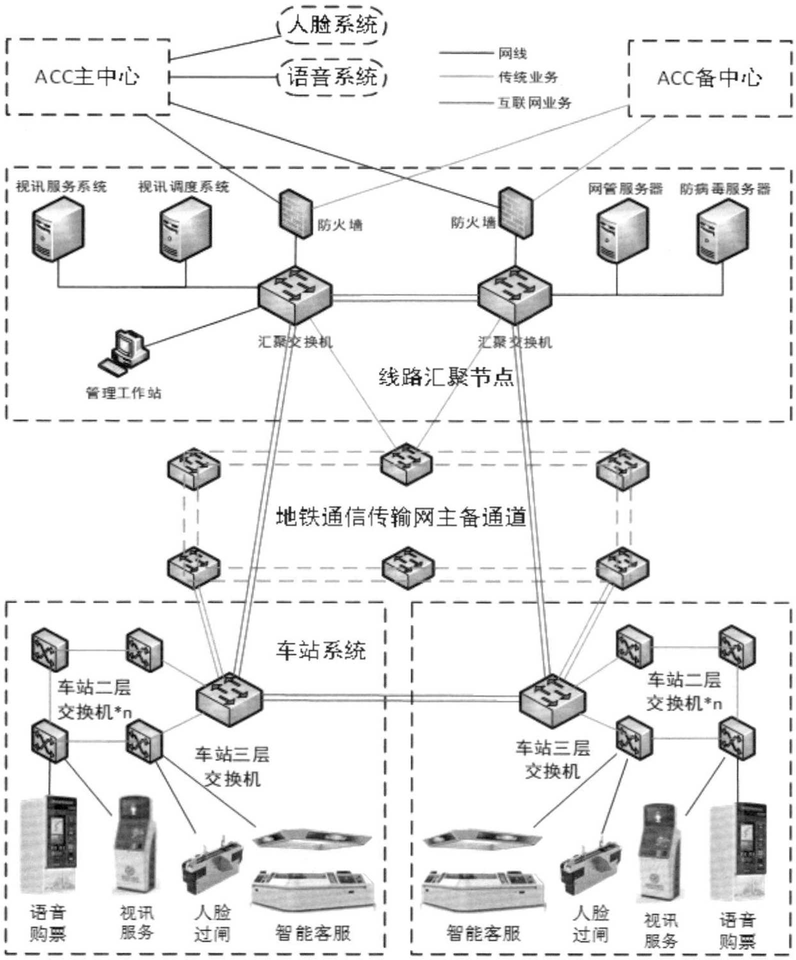

图 4-20　哈尔滨地铁 2 号线网络架构

刻苦攻关

ACC系统的改造需要保证现有小清分系统的运行，公司技术团队经过反复研究，提出了并轨运行、逐步切换的方案，参数管理采用新旧系统两套方案，数据两个平台同步上传，对最终数据进行双轨比对。

摆在普天轨道技术团队的一个困难是，哈尔滨地铁2号线接入时既要兼容老标准5层架构的数据上送，又要满足新标准4层架构的数据上送，同时由原来传统SC只能处理单一数据源改为处理多元化数据源。这种新的数据处理需求打破了SC以往的设计理念，经SC研发小组多番探讨新需求在理论上的可行性，系统研发团队立刻开始调整方案，重新组织编写代码，终于实现了满足新需求的SC系统。

原本哈尔滨地铁2号线没有建自身的ITP平台，而是借用其他平台，这次ACC建设过程中，要求新建ITP平台，对所有互联网业务包括人脸交易进行统一管理。ITP平台用于二维码、银联闪付卡过闸的实时验证、融对与计费清款，同时用于支撑终端设备扫码支付功能。在项目实施过程中，主要克服了以下难点：一是哈尔滨地铁采用交通部单码标准，业务规则复杂，需要较强软件逻辑应对各种使用场景；二是哈尔滨地铁既有线路二维码过闸使用比例达到50%以上，超过半数过闸业务由ITP支撑，能否成功实现切换影响极大；三是需要保证对既有1号线设备采用标准的兼容性，确保老线路功能不受影响；四是需要与当地一卡通公司同步进行系统调整，确保双方接口准确、步调一致；五是需要兼顾在建2号线设备的调试测试需求，同时支持老线路正式业务与新线路调试应用。面对挑战，普天轨道开发团队没有退缩，一次性开通成功。

哈尔滨地铁 2 号线于开通前对票价计费规则进行了调整，由原先的按车站计费方式调整为计程计时方式，所有站点间票价出现了较大变化。为保证线路开通后线网票价的准确性，项目进行了包含既有线路的 46 站 ×46 站的全覆盖数据计算测试，对现网 2116 个路径全部测试了不同种类车票余额充足与不同种类车票余额不足的走票验证，并对测试数据进行了全面的分析和统计（图 4-21）。

两个项目总工于鹏（ACC）、韩宇峰（AFC）带领调试团队，将每张车票分门别类装在单独的塑料袋中，分配好小组，各小组按照指定的路线将车票投入检票机。经过一天的奔波，所有车票均按照计划投入检票机，接着后台进行比对，结果数据完全一致。

图 4-21　哈尔滨地铁 2 号线路网分票测试准备

顺利开通

从中标之日始，经过500多天夜以继日的努力，普天轨道攻坚克难，稳步推进了哈尔滨地铁2号线AFC智慧系统平台的建设工作，不负众望地在2021年9月19日10时58分，迎来了哈尔滨地铁2号线一期工程的顺利开通。项目成功实现了语音服务、二维码支付、人脸识别过闸等功能，智能客服中心和客服机器人可提供“中、英、俄”三种语言的互动功能并实时满足乘客需求，为这一全国高寒地区首条穿江智慧地铁的载客试运行增添了一抹亮丽的色彩（图4-22，图4-23）。

图4-22　哈尔滨地铁2号线开通运营

图4-23　哈尔滨地铁2号线乘客购票

急业主之急：洛阳地铁速度

2020 年 11 月，普天轨道交通技术（上海）有限公司成功中标洛阳城市轨道交通 2 号线一期工程自动售检票（AFC）系统采购项目，从此开启了新版图，新征程。

新的道路总是会遇见新的挑战。为了配合洛阳轨道交通 1 号线顺利开通，洛阳轨道公司提出“一卡通 App 机房”同时交付的新要求。这无疑打乱了原先预计的各种计划，供货周期、安装调试、人员调度等都面临着“被加速”。

与业主沟通，与供应商沟通，与施工单位沟通，与项目人员沟通，待解决的旧问题，突然出现的新问题。普天轨道洛阳项目团队每个人都犹如绷紧了的弦，面临着、接收着、应对着、完成着，时刻不敢放松。2021 年 1 月中旬，新冠疫情又出现了局部紧张的状态，出行也变成了需要面临的新问题，然而项目团队没有退缩。

艰难方显勇毅，磨砺始得玉成。一个多月的时间，普天轨道完成了“一卡通 App 机房”设备的采购、到货、安装。普天人用坚持与信念交出了满意的答卷，赢得了业主方的肯定（图 4-24）。

技术创新：周向争与劳模创新工作室

普天轨道技术总监周向争，20 多年来，一直投身于上海智慧城市轨道交通的建设中（图 4-25 ）。他通过不同环境、不同技术要求的大量工程实践，对 AFC 系统的核心设备进行不断改

图 4-24　洛阳地铁一卡通 App 机房平台建设

图 4-25　智慧工匠之星周向争

进。他创造性地为原有的进口设备进行改造，使得数百台进口设备不致报废，保护了国家上亿元的投资，也使得该系列设备满足了上海轨道交通营运不断变化的需求，在上海最繁忙的地铁 1、2 号线可靠运营了二十余年。

与此同时，他坚持技术创新，首创研发具有自主嵌入式实时操作系统的 AFC 系统的检票机设备、设备核心模块，自主研发了基于最新算法的检票机人体识别智能识别技术等工作，使得相关领域彻底摆脱了对国外操作系统产品的依赖，极大地提升了设备的安全与可信能力，为在轨道交通领域推广应用自主知识产权作出了巨大的贡献。该创新成果也让这位“工匠之星”先后获得上海市劳动模范、全国五一劳动奖章等荣誉。

此外，周向争还依托自己的劳模创新工作室，尝试搭建一个学习交流的平台、人才集聚的平台、创新协作的平台、项目攻关的平台和自愿服务的平台，发挥劳模“传帮带”作用。

“周向争轨交自动售检票系统劳模创新工作室”成立于2013年4月27日，是上海市经济和信息化工作系统工会首批试点创建的劳模创新工作室。该工作室是在上海普天邮通科技股份有限公司轨道交通事业部技术研发中心的基础上组建起来的。

劳模创新工作室共有12名技术研发人员，是一支老中青相结合的队伍，其中10名拥有大学本科以上学历，4名高级职称、4名中级职称和4名初级职称。技术上分工明确，1名为侧重软件与电路总体设计、1名为侧重结构总体设计、3名为软件设计、2名为结构及部件设计、5名为电路及工艺设计。

作为一家中央企业下属的一个专业从事轨交自动售检票系统的劳模创新工作室，它肩负着机遇与责任。在技术创新上，针对国内外AFC系统发展的方向，配合轨道交通事业部市场拓展需求，同时又考虑以往工程项目使用与维护情况的反馈，在创建初期就制定了详细的新产品研发计划。整个新产品的研发不但包括已往产品（模块）的优化改进设计，根据业主对不同场景需要的产品线扩展，摆脱对国外产品长期依赖的国产化更新设计，还包括了首次尝试、以前从未涉及的新领域产品设计。通过这种创新和差异化设计，工作室为企业能在未来走出恶性低价竞争，做了一次积极的探索与实践。

工作室紧紧围绕市场需求进行创新。例如结合轨道交通投标中的产品演示需要，研发了基于圆币型（Token）IC 卡的回收与发售样机模块。该模块具有新颖的堆叠式设计、可打开式导币通道，提供方便日常清洁和维护、带电子标签的封闭票盒，实现设备读取和管理。这也填补了事业部对国内轨道交通 AFC 系统中，针对乘客使用的票卡分为方型 IC 卡和圆币型 IC 卡两大阵营设备模块的空白。

再如，为配合苏州 EPSON 晶端楼宇门禁系统改造项目，工作室研发了新的自主知识产权三杆模块、IC 卡读写器模块和带 UPS 系统的电源模块。其中，在融合了多年研发的两款三杆模块经验的基础上，吸取多项重点工程实施与维护经验，全新开发出了一款高性价比的三杆阻挡装置模块。该模块机构结构不但坚固可靠，在无电或紧急状态下，三杆能自动下落。为了更好地完善核心三杆模块的各项功能和技术指标，工作室还专门成立了三杆阻挡装置模块化改进 QC 小组（图 4-26）。

图 4-26　苏州 EPSON 三杆检票机

工作室还积极拓展楼宇考勤机市场，为配合公司本部 700 号楼宇门禁系统项目，开发了新型的基于 ARM 的主控单元，首次引入了 ARM-LINUX 系统。靓丽的外型设计、声光提示的运用，彻底打破了传统自动检票机的外观设计模式。乘客显示部分驱动，也首次尝试使用了动画技术，改良了人机界面。之后，工作室又开发了它的姊妹机——基于自主三杆阻挡装置的自动检票机。该产品研发成功不到一周，就被中国银行客服部定购，并成功安装在了上海龙华寺旅游景点（图 4-27）。

图 4-27　商用检票机

工作室努力开展对既有产品的支持。如，为配合上海地铁 2 号线徐泾东站的扩容改造项目，技术人员根据扩容改造是在一个正在运营的环境中实施的特殊需求，制定了详细的改造方案，针对工程方案中需改造的设备进行逐一设计，同时提供详细的改造指导书，并派技术人员配合工程部门对改造工程中出现的技术问题进行实地指导和解决。

为配合上海轨道交通浦发手机支付改造项目，工作室的技术人员不但要对自己工程部的具体实施人员进行技术支持，同时还多次受上海轨道交通票务中心和项目集成商的要求，对其他同行企业在施工中出现的技术问题，进行技术指导。

基于 PBOC3.0 标准的上海轨道交通浦发手机支付改造项目，是在正常运营的上海轨道交通全路网中进行，也是国内首条根据中国银联制定的非接触式金融 IC 卡小额支付扩展应用规范的金融 IC 卡在地铁领域应用的项目，主要增加了浦发银行 PBOC 卡和中国移动 NFC 卡的应用。这个项目最大难点是，必须同步对老的 Cubic 自动检票机设备进行软件升级工作，而该系列的设备是 20 年前的产品，硬件配置极其落后（主振频率为 300M 的 Intel486 处理器），设备数量和种类又特别多，而经过 2005 年上海轨道交通“一票换乘”改造项目后的多次应用业务升级，设备的可用资源已接近枯竭，改造难度也越来越大。面对困难，工作室的技术人员另辟蹊径，大胆采用新方法，经过近 10 个月的不懈努力，终于在 2013 年 11 月 15 日顺利完成样板站的上线工作，并在 2014 年 1 月 10 日前实现全线软件升级工作。

由于本次升级工作必须在上海轨道交通在线运营的情况下进行，同时项目组规定施工必须在非高峰的情况下进行，时间紧任务重，为了促进项目按时、高效完成，工作室会同工程部的技术人员联合开展了“劳动竞赛”活动。值得一提的是，在这次项目改造完成后，上海轨道交通票务中心对全路网内的各家设备，在技术性能上进行了一次全面的量化测试，测试结果令人惊讶：该批 Cubic 老设备在处理票卡的速度、系统的稳定性方面甚至优于一些新建不久的设备。

依据国内各大城市在制定标准时，纷纷要求轨道交通终端设备向 LINUX 平台上进行应用的要求，工作室制定了详细的开发计划，并顺利实现 Linux 平台在不同场景、不同设备的系列化应用。其中，为使国家花大量外汇购得的设备能再次获得新生，针对在线营运中的上海轨道交通 1、2 号线原 Cubic 自动检票机升级为 Linux 系统技术方案，得到了上海申通公司领导的关注，同时工作室还向公司提交了推广该技术的合理化建议。

劳模创新工作室从研制设备的次要部件到研发设备的关键部件，从学习进口设备的结构到自主研发能跨平台、分布控制的智能模块终端设备，通过不断的创新和实践，逐步提高设备的国产化率。工作室还积极配合接受软件评测中心测试。在专利申请、软件著作权登记等方面积极协助公司做好知识产权方面的工作，同时完成国内核心刊物的学术论文的发表。

在周向争看来，技术创新是企业发展的动力，作为事业部，想有一个持久的发展就必须依托技术创新。整个产品设计，从总体方案设计、详细设计到最后的制造、调试，均采用以老带新的方法来组织团队，用绩效考核的方式充分调动师傅和徒弟的积极性和主动性，确保“传帮带”工作的有效性、实效性。工作室努力从以下几个方面寻找突破口。

第一，好的产品需要好的团队协作。工作室所参与的项目，从需求、研发到最终的工程实施，均由经验丰富的技术骨干担任技术指导，由年轻研发技术人员轮流承担具体设计，各展所长。每个项目都会进行多次的技术评审，且从来不是走过场。发动团队的智慧，在产品的先进性、可靠性、可维护性、可生产性和成本等诸方面各抒己见，会上经常会有激烈的技术争辩，但最终都会达成一致改进意见，并在下一次评审中对照检查落实情况。这也确保了工作室承担的项目能够高效顺利地完成。

第二，好的团队必须要有好的管理。在管理上，要求工作室全体成员每周提交周报，由工作室主任汇总后提交事业部总经理，使事业部高层领导能实时了解工作室的运作情况，及时提供有效的帮助。另外，根据每个成员提交的周报，工作室主任会每月提交月度绩效考核表，考核表的打分与工作室每个成员工资直接挂钩。

第三，好的工作要有好的方法。在日常创新工作中，工作室结合公司倡导的“岗位日新”“劳动竞赛”“合理化建议”“QC 小组”活动，充分发挥研发人员的主观能动性，用团队力量攻破难关，推动企业核心竞争力的形成。

第四，好的创新建立在不断学习之上。在知识更新日益加快的今天，谁能站在知识的最前沿，谁就将赢得先机。工作室在承担繁重的研发项目的同时，非常重视和支持技术人员不断学习新的知识，提倡大家用新的技术、新的方法去实践创新。

迎难而上：渴望新技术的陆浩曾

陆浩曾从小对电子产品就怀有浓厚的兴趣。1972 年，初中毕业的陆浩曾参加工作后，公司领导及时发现了他对电子产品异常喜爱的特长。在做了 8 个月的变压器绕线工人后，他转岗为通信产品、仪器仪表的设计人员。

新的岗位对文化程度并不高的陆浩曾来说既是挑战，也是机遇。他懂得应该珍惜这样的机会，也知道自己理论底子薄，于是每天起早摸黑，利用业余时间先自学模拟电路、数字电路和信号处理等知识，在打下了扎实的基础后，又开始钻研新的更广泛的通信专业知识。

在仪表设计中，测量精准是一项十分重要的指标。为了达到要求，陆浩曾将自己的想法融入所学的知识中，设计了一套全新的解决方案。但在付诸实践时，数据结果总达不到原本的设计标准。经过几天几夜、废寝忘食的排查，陆浩曾终于将问题锁定在一块进口的控制芯片上。

20 世纪 80 年代，外国生产的仪表产品在国人口碑中一直是属于“完美无缺”的，对于它的质疑，无疑需要有扎实的专业理论功底和坚定的自信心。而陆浩曾用大量的数据证明与国外产品方进行沟通，终于成功促使对方改进了设计，也让他自己设计的仪表水平达到完美的预期效果。

在研发“程控电话交换机”的过程中，陆浩曾凭借自学成才所练就的超强技术能力，成功地完成了程控电话交换机时钟电路板。新产品需要整个系统对模拟电路有很高的降噪能力，对数字电路有高速的信号处理能力，才能保证其可靠性，设计之难度、工艺之复杂可想而知。

2006 年度，陆浩曾申报的上海市优秀学科带头人计划项目，获得了上海市科委的专项资金资助；2008 年度，他再次获得徐汇区领军人才专项资金资助。他参与的各个项目均获得成功，取得了良好的社会与经济效益。

公司新成立了轨道交通事业部，开发生产轨道交通 AFC 系统产品。勇于接受挑战的陆浩曾，再一次突破了常规，带着对新技术的渴望加入了这个团队（图 4-28）。

刚到事业部就遇到“二代身份证阅读器开发”的新项目。当时，正值射频（RF）技术刚刚起步，陆浩曾对其了解甚少，也从来没有接触过软件编程，可以说是个地道的门外汉，而社

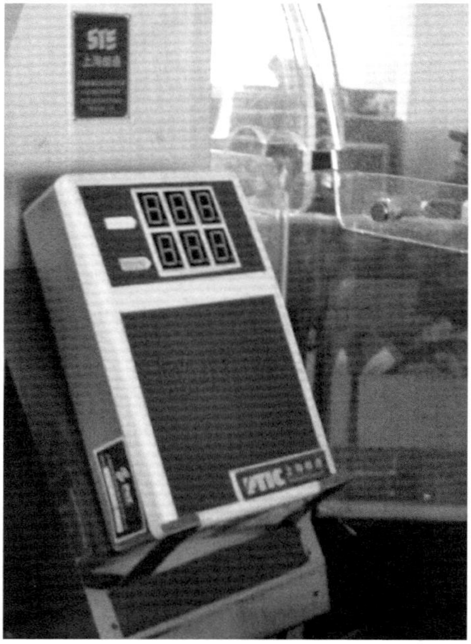

图 4-28　第一代非接触 IC 卡读写器

会上关于RF技术的资料也少之又少。就是在这样的艰苦环境下，陆浩曾每天钻研新标准、研习新技术，遇到困难就大量阅读书籍寻求解决之道，或是打电话寻求厂家的技术支持，有时在实验室一呆就是 12 个小时。从电路设计到软件开发，他不停地琢磨，不断地推敲，用了两个月的时间，终于独立完成了该项目。

项目完成送去检验的时候，其他公司的产品检验了一次又一次，却还达不到要求；普天轨道的产品却是一次性通过。陆浩曾成功开发出了普天第一款 RF 设备，为公司在 RF 技术领域的发展做出了巨大的贡献。射频卡读写器作为与射频卡通信的核心，其性能和数据处理能力直接影响到整个地铁 AFC 系统的工作质量（图 4-29）。

随着轨道交通事业部承担了上海轨道交通 2、10 号线 AFC 设备的设计工作，陆浩曾成功将读写器原采用的普通的 8bit 微处理，改为 32bit ARM 微处理、4M 内存。这对读写器产品来说可谓实现了质的突破，处理速度比以往提升了两倍之多，功能也更加强大。此后，陆浩曾又成功完成了读写器在吉林移动手机支付和吉林银行长白山 IC 卡支付的开发。

身为资深技术人员，陆浩曾犹如一本百科全书。他凭借对新技术的广阔视角及敏锐的洞察力，与客户进行技术沟通，帮

图 4-29　二代身份证读写器

助合同顺利签订，以致很多客户有了新的技术需求时，首先就要来咨询陆浩曾。公司内部遇到设备出现不易解决的疑难杂症，同事也都来咨询陆浩曾，他也总是积极主动参与，凭着多年的经验与饱经考验的技术逻辑，几乎每次都可以找到问题的症结所在。

2010 年，轨道交通事业部承担重庆轨道交通 1 号线 AFC 设备供应项目，55 岁的陆浩曾与年轻员工一道奋斗在第一线。他在上海完成了读写器底层操作系统软件的编写，为了软件的稳定可靠，又随同开发小组一起来到重庆，在现场亲自调试和测试读写器底层操作系统，并指导同事编写读写器在闸机 /BOM/TVM 的应用软件和手持机中的读写器模块，将自己渊博的知识分享给公司新一代的技术人才。

在上海普天的 40 年，陆浩曾凭着过人的毅力和刻苦钻研的精神，自学成才，开拓创新。从刚进公司的变压器绕线工人，到如今的电路设计高级工程师，成为公司高新技术骨干和领军人物。2014 年，以先进人物陆浩曾命名的“先进创新工作室”成立。

国际舞台 PK：上海某国际乐园检票机项目

在主题乐园的服务设施中，售票处以及入口闸机通道无疑是最先被游客所体验到的。2013 年 9 月 18 日，普天成功中标上海某国际乐园项目主入口控制台与通道闸机的制造和供货。这是一次成功的突破，也是一种挑战，对于普天来说更是一次展现自我的机会（图 4-30）。

“我们觉得能够成功拿到上海某国际乐园项目，很重要的一个原因就是在工作中永不放弃，同时在细节上做到最好。”

图 4-30　上海某国际乐园检票机

事业部总经理韦强说，“上海某国际乐园招标当时的竞争对手非常强劲，不仅有国内知名企业，还有国外长期与乐园合作的企业，而普天对乐园项目完全不熟悉，也犹豫过是否要投这个标，但我们最终还是没有放弃。”

投标成功只是第一步。公司将上海某国际乐园项目视为最重要的、最具代表性的项目，为项目团队配置了最好的技术骨干和管理人员，他们不仅业务熟练，而且能用英语与外方进行顺畅的交流。接下来的产品设计、研发、生产、服务也始终秉承细节决定一切的态度，从一个小螺钉的摆放位置，到一台设备的摆放位置，每一个细节都要求考虑周到，力求把产品做到最优，给用户一个满意的服务。

在材料选择方面，生产部门严控钢板质量，选用了 2.0mm 厚度的 316L 不锈钢，并逐张进行检查，对配件也是精挑细选，锁具、铰链均选择国际知名品牌，线缆、螺丝也都要求确保达到国际一流品质。

经过与美方的多次深入交流，根据上海某国际乐园对产品的要求，结合自己在售检票行业的经验，普天提出了设计和工艺改进方案，并在图纸上做好详细说明，与美方反复沟通确认。由于时差关系，有时一个会议持续一个通宵，曾经为了一个预约机空调的安装方案，项目组和老外据理力争，甚至做出了一套模拟系统演示，终于说服了对方（图 4-31）。

工程部也毫不含糊，拿到图纸后进行生产工艺图纸展开。工艺设计制作的图纸同时要经过另外一个工艺设计检查，检查完毕无误后才可签发到车间。

机加工车间在数控光割、折弯期间，要由质量部门进行首

图 4-31 上海某国际乐园预约机

件全检，首件合格后才允许进行大批量生产。由于上海某国际乐园对其Logo要求非常严格，首先对Logo的模具设计反复检查，其次焊接完成的部件要根据图纸要求严格检查其尺寸，并对焊斑、毛刺逐个检查。质检部门反复多次试验，确保与上海某国际乐园的要求完全一致（图 4-32）。

所有细节都做好了，那么产品必定是完美、高质量的。2014年6月，普天在《上海某国际乐园项目票务机的制造与供货》项目中再次中标。上海某国际乐园再次选中普天作为供应商和合作伙伴，这是对普天产品优秀品质的高度认可。

新挑战：青岛地铁 13 号线机电总包项目

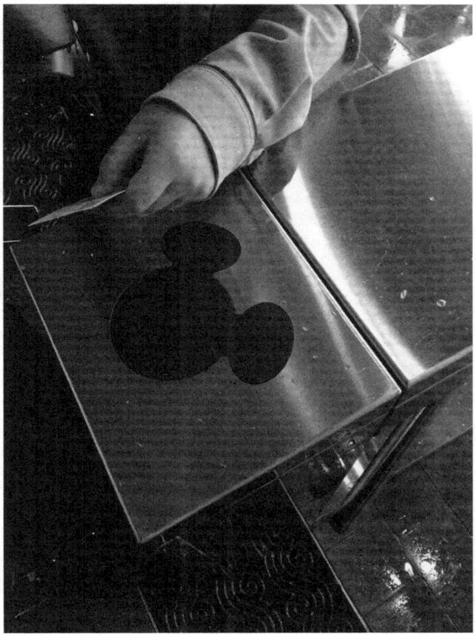

图 4-32　上海某国际乐园检票机 logo

2016 年 1 月，普天轨道成功中标《青岛市红岛—胶南城际轨道交通弱电系统集成、采购及安装总承包项目》。该线路也称为青岛地铁 13 号线。

青岛西海岸新区是国务院批准的第 9 个国家级新区，处于山东半岛蓝色经济区和环渤海经济圈内，京津冀和长三角两大都市圈之间的核心地带，与日本、韩国隔海相望，具有贯通东西、连接南北的战略优势，是黄河流域主要出海通道和欧亚大陆桥东部重要端点。

“一线串起新区，四线脉动三城”，青岛地铁 13 号线总体呈东北—西南走向，是贯穿青岛西海岸新区的轨道交通骨干线，也是青岛西海岸新区第一条建成并投入运营的轨道线路，对新区建设有着重大的意义。另外，这条线路也是国内一次性通车里程最长的轨道交通工程，正线全长约 70km，设车站 23 座，其中地下站 9 座，高架站 14 座，设车辆基地 1 处、停车场 2 处。

在青岛地铁 13 号线的建设中，普天轨道主要参与了弱电系统中通信系统、AFC 系统、FAS 及气体灭火、站台门系统、安检系统等五大系统的集成、采购及安装工作。这是普天轨道参与过的涉及专业最多的弱电总集成项目，具有线路长、工期短、专业多、要求高等特点，对普天轨道而言也是巨大的挑战（图 4-33）。

图 4-33　青岛地铁 13 号线自动检票机

公司经过慎重考虑，调集最精干的力量，成立了以于可为任项目总经理，朱虎元任项目总工、张振华任项目副总工的项目管理领导班子，以及包括通信、AFC、FAS、PSD 和安检五大子系统各自的项目经理和项目总工、项目工程师、商务采购、安全质量、档案管理、后勤保障等在内共计 20 余人的项目管理团队。

项目部首先在于可为的领导下组织合同谈判，与业主、设计及运营单位共同以业主需求书及投标文件为基础，对各技术方案及系统配置进行梳理并提出优化建议，共同完成技术规格书及商务文本的编制和修改，并于 2016 年年初完成公司与青岛地铁集团的主合同签订工作。随后紧紧围绕工程的时间节点，制定了详细的总体项目进度计划，以及各子系统的子进度计划。各专业项目经理按照制定的工程进度计划分头实施。

2016 年，各专业基本完成设计联络阶段工作，以及系统设计、详细设计、接口设计及测试方案、样机制造及测试方案、各主要设备厂验方案，开始进入设备采购、样机生产、批量生产等环节，同时开始准备样板站的安装装备工作。

“建青岛地铁优质工程、树普天轨道企业形象”成为普天轨道全体参与青岛项目人员的宗旨和奋斗目标。各专业在项目执行中做到了“三个确保”：一是确保整个项目安全、顺畅；二是确保项目质量达到设计要求；三是确保项目按期完成。

在抓好项目进度的同时，项目部对安全管理工作也绝不放松，制定了完整的安全管理措施及应急预案，定期进行安全教育，加强现场的巡视和监督，为项目的安全、有序建设保驾护航。

2017 年是青岛地铁 13 号线建设非常重要的一年。为保证优质完成建设任务，普天轨道在四个方面进行了加强管理：一是认真做好工期的筹划，保证按各个节点完成工期任务并尽可能做到优化；二是认真做好项目管理，从安全及质量上保证工程优质；三是认真做好技术创新，以“BIM、集成、创新”为理念，以 BIM 平台为基础，将工程分解成块，将块分解到人，切实做到施工安装集成化，责任明确化；四是认真做好各设备系统调试工作，保证安全、稳定地交付运营方。

2017 年下半年至 2018 年上半年是弱电设备系统到货、安装、施工、调试的高峰期，在如此短的时间里保质保量地完成全线七十多千米线路及两场段一段场的到货组织、安装施工到上电调试的任务，对普天轨道来说也是一次挑战。项目组通过调集先进装备，集中优势资源和骨干力量，坚持高起点、高标准，严格按照精细化、标准化管理要求，抓好工期控制、风险管理、文明施工、工程创优等各项指标。

在业主的支持和科学调度下，普天轨道克服了客观环境和交叉施工等困难，紧跟土建装修前道工序的完成，即刻进行设备安装上电调试。其中通信系统在正式电尚未到位，临电存在电压不稳、断电等困难条件下，通过合理组织及优化调试方案，坚持完成设备调试，保证了信号专业、专用无线系统提前投入使用，为其余所有施工单位的作业提供了基础保障。

至 2018 年 8 月，普天轨道负责的通信、自动售检票、站台门、火灾自动报警和气体灭火系统、安检系统均通过预验收，满足试运行条件。2018 年 9 月，青岛地铁 13 号线正式开始试运行。在试运行期间，普天轨道密切关注系统运行情况，根据每天运营反馈的问题，编制问题清单，逐一跟踪落实，明确责任人，及时分析，及时制定处理方案，限时完成问题处理。为此，项目部所有成员 24 小时待命，每天人均工作 14 小时以上（图 4-34）。

图 4-34　青岛地铁 13 号线屏蔽门

AFC系统有着终端设备数量多、部分定制专业设备对操作人员有一定要求、试运行初期运营人员不熟悉等特点，为此，公司投入30多人的调试和支持团队，对现场终端设备加强精细化调试，在保证系统稳定可靠的同时，努力提高运营操作人员的熟练掌握程度，为此对全线21座车站分别派出了驻站人员，反复对运营人员在实际操作中的问题予以解决和指导（图4-35）。

2018年12月初，经过3个月试运行，青岛地铁13号线正式通过了验收及专家组的评审，即将引来正式载客试运营。为全力支持和保障试运营，应付开通初各方面的磨合期和元旦春节等节日可能出现的大客流情况，普天轨道制定了完善的开通保障方案，组织了各专业的精兵强将成立了开通保障团队，加强开通前的设备巡检维护的同时，调用了充足的备品备件及专用工具，随时待命，提供24小时的响应和保障服务。

图4-35　青岛地铁13号线自动售票机和智慧信息屏

终于，在大家的共同努力下，青岛地铁13号线于2018年12月26日上午10点正式开通试运营。这是青岛地铁开通的第4条线路，也是青岛西海岸新区开通的首条地铁线路。青岛13号线的高质量的开通，是普天轨道为青岛地铁交上的合格答卷，为青岛人民奉献的一条精品线路、一个放心工程，为该区的经济发展和社会进步作出了贡献。

青岛13号线的成功也为普天轨道的发展添上了浓墨重彩的一笔，为公司确定了新的发展方向（图4-36，图4-37）。

提升效率：厦门地铁1号线AFC项目

2015年9月，普天中标厦门市轨道交通1号线一期工程自动售检票系统集成采购项目。

厦门轨道交通规划是“一岛一带、双核多心”的空间结构，其中“一岛”是指厦门本岛；“一带”是指环湾城市带，从漳

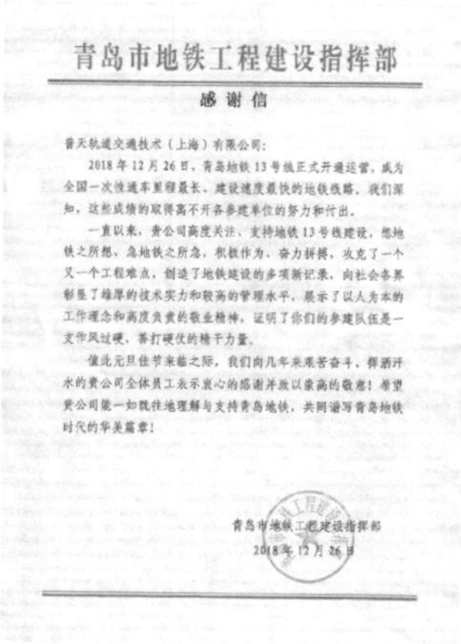

青岛市地铁工程建设指挥部

感谢信

普天轨道交通技术（上海）有限公司：

2018年12月26日，青岛地铁13号线正式开通运营，成为全国一次性通车里程最长、建设速度最快的地铁线路。我们深知，这些成绩的取得离不开各参建单位的努力和付出。

一直以来，贵公司高度关注、支持地铁13号线建设，想地铁之所想、急地铁之所急，积极作为、奋力拼搏，攻克了一个又一个工程难点，创造了地铁建设的多项新记录，向社会各界彰显了雄厚的技术实力和较高的管理水平，展示了以人为本的工作理念和高度负责的敬业精神，证明了你们的参建队伍是一支作风过硬、善打硬仗的精干力量。

值此元旦佳节来临之际，我们向几年来艰苦奋斗、挥洒汗水的贵公司全体员工表示衷心的感谢并致以崇高的敬意！希望贵公司能一如既往地理解与支持青岛地铁，共同谱写青岛地铁时代的华美篇章！

青岛市地铁工程建设指挥部

2018年12月26日

图4-36　青岛地铁指挥部感谢信

图4-37　青岛地铁集团颁发的先进单位表彰

州开发区到角美、龙海、海沧、集美、同安、翔安、金门、南安；“双核”是指本岛极核与东部翔安极核；“多心”是指岛外各新城组团中心。根据规划，厦门正在由“海岛型”城市演变成“海湾型”城市。厦门地铁 1 号线一期线路全长 30.3 千米，设车站 24 座，其中地下站 23 座，高架站 1 座；平均站间距 1.3 千米。设 6 座换乘站。该线路堪称站站都是美景，步步都有惊喜，被誉为是国内最美的地铁。尤其海上段，即集美学村站—高崎站区间，全程可以将厦门沿途风景一览无遗。

2015 年 10 月 29 日厦门地铁集团发出中标通知书，2015 年 11 月中旬普天轨道厦门项目部组建，2015 年 11 月 27 日公司与厦门地铁集团签订项目合同。

普天轨道设计人员深入了解了厦门城市特色和地铁装修设计等特点，详细研究了厦门的红砖厝及其承载的闽南特色文化。2015 年 11 月，普天轨道首次提供了车站终端设备（自动检票机、自动售票机）外观设计方案初稿，外观突出海上风韵的特点，并融合了最新的技术和产品。在广泛参考借鉴其他城市地铁设备成功经验的基础上，项目组对方案初稿进行了十余次讨论，修订逾八次，最终确定两类设备各提供三套方案进行比选。

至 2015 年 12 月 16 日，完成三次设计联络会。2016 年 4 月 14 日，机电部将外观设计方案提报机电例会评审，最终确定自动检票机方案、自动售票机外观方案，进入样机生产阶段。其间，各方针对关键模块（检票机机芯）的确定、纸币模块及硬币模块等详细技术方案、设备电源方案、嵌入式读写器及天线板方案等进行了多次讨论。2016 年 8 月 2 日，厦门地铁集团董事长黄灵强一行到公司进行样机检查；2016 年 9 月 13 日，完成样机验收。

厦门地铁 1 号线自动检票机机体采用全不锈钢设计，简洁大方，形体感明显，光影效果强烈。同时，采用车票预读功能设计，便捷、实用。显示器采用 8 寸大屏显示器，提示信息丰富、清晰。通道两端斜角设计，为乘客指明进出站通道，人性化设计（图 4-38）。

自动售票机则采用纯屏设计，操作员显示器采用 24 寸触摸一体化显示器，运营状态显示器采用 32 寸 LCD 显示器，操作界面更加人性化，巧妙地设计了景点直达的操作模式。设备支持包括互联网在内的多种支付方式（图 4-39）。

手机购票刷码乘车旨在解决乘客购票难、取票难的问题。直接刷二维码进站乘车，节约了排队时间，进站出站方便，尤其在上下班高峰期、客流量大的站点，减少了进出站滞留，改善了通行速度，提高了进出站人流周转率，是未来出行方式的发展方向。

图 4-38　厦门地铁 1 号线自动检票机

图 4-39　厦门地铁 1 号线自动售票机

厦门地铁推出“传统购票 + 移动支付”购票方式，在首条地铁线路开通时同步上线，当时在全国尚属首创，大大提升了市民乘坐地铁出行的效率。乘客只要打开厦门地铁 App，通过首页“电子票区”入口进入“购票”页面，在线路图上选择或搜索站点名称确定起始点和购票数量，即可在线使用支付宝或微信直接购买电子票。进出站时，只需在首页的“行程”选项中点击“进站”或“出站”，即可分别获得“进站二维码”和“出站二维码”，并贴近闸机前端的扫描区进行检票，听到“嘀”声和提示灯亮起，即可顺利开启闸道进出站。如果需要多人乘车，可点击“增加进站”，开启另一张票的电子二维码，再次扫描检票即可。一部手机最多可供 5 人同时乘车。

已购买未使用的余票，可直接点击到进站页面，二维码刷码过闸；已有行程在进站状态，直接点出站，进入出站二维码页面刷码出闸。乘客可以滑动选择最近的 3 次行程，直接点击购票进入支付页面，快速完成支付，行程转变为余票状态，乘客快速点击进出站。

地铁工作人员可在后台管理系统发布官方公告。公告分为普通公告和紧急公告，紧急公告在首页滚动播放，用户点击滚动的主题内容，可以快速浏览公告的详情内容；普通公告则放置在首页常规入口，点击后进入公告列表，可以查看所有历史公告内容。公告是有时效性的，地铁工作人员可以在后台管理系统中设置公告是否需要上架，也可以实时点击下架，下架后的公告将不会在 App 上显示。

普天轨交项目贯彻“沟通、执行、业绩”的企业文化，以昂扬的斗志和务实的作风完成了厦门项目。2017 年 12 月 31 日，

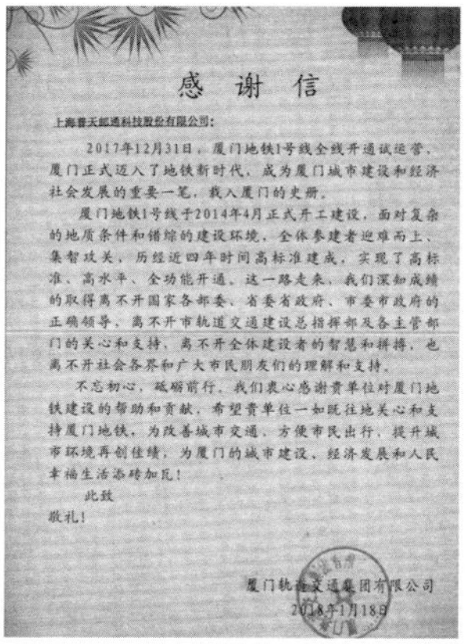

感 谢 信

上海普天邮通科技股份有限公司：

2017年12月31日，厦门地铁1号线全线开通试运营，厦门正式迈入了地铁新时代，成为厦门城市建设和经济社会发展的重要一笔，载入厦门的史册。

厦门地铁1号线于2014年4月正式开工建设，面对复杂的地质条件和错综的建设环境，全体参建者迎难而上、集智攻关，历经近四年时间高标准建成，实现了高标准、高水平、全功能开通。这一路走来，我们深知成绩的取得离不开国家各部委、省委省政府、市委市政府的正确领导，离不开市轨道交通建设总指挥部及各主管部门的关心和支持，离不开全体建设者的智慧和拼搏，也离不开社会各界和广大市民朋友们的理解和支持。

不忘初心，砥砺前行，我们衷心感谢贵单位对厦门地铁建设的帮助和贡献，希望贵单位一如既往地关心和支持厦门地铁，为改善城市交通、方便市民出行、提升城市环境再创佳绩，为厦门的城市建设、经济发展和人民幸福生活添砖加瓦！

此致

敬礼！

厦门轨道交通集团有限公司

2018年1月18日

图 4-40　业主感谢信

厦门地铁 1 号线全面开通试运营，厦门正式迈入了地铁新时代（图 4-40，图 4-41）。

多项第一：上海地铁“联乘优惠”项目

上海地铁“联乘优惠”项目不大，却是一个利国利民的项目，利于减少环境影响，推动低碳生活、绿色出行。

图 4-41　厦门地铁 1 号线开通

随着城市建设和市场经济的快速发展，城市交通越来越方便，市民的出行也越来越方便，随之而来的则是市民的出行费用越来越高。一些普通市民，每月的出行费用已占到月收入的10%；有些市民为了减少出行费用，不得不改用其他方法，如步行、自行车，有些为了省钱甚至坐超市班车。另外，相对手头宽裕的人群，则认为公交又贵又不方便，大多会选择私家车方案，造成城市道路拥堵进一步恶化。

北京公交系统率先降低乘车费用，引发国内减轻市民出行费用提案的提出。为了鼓励那些拥有私家车的上班族在上班时改用公共交通工具，上海市交通局开始大力实施公共交通卡“联乘优惠”政策，同时，上海轨道交通也为了吸引更多的客流，对于没有封闭的换乘通道，也提出“出站换乘”方案，争取实现出站“联乘优惠”。

面对与市民利益密切相关的“联乘优惠”项目，负责该项目的普天轨道不但要承担最多现有轨道交通终端设备的改造，同时还要积极参与该标准的制定与完善。研究与开发换乘优惠最大的难点与挑战是在原有设备已过时且“不通用”的主控制板上进行应用软件的重新编写，并要对一个在线且运营状况良好的系统进行软件升级，这就要求新的应用软件有极高的可靠性。

普天轨道 AFC 研发部的检票机小组，是一个能打硬仗、能啃硬骨头的团结战斗的小组。由于该项目从标准的制定到开发完成和上线运行，整个周期只有短短的 4 个月，而且整个系统还汇集了其他厂商的设备，任何一方的进度都会影响到整个项目的成败。在困难面前，周向争作为上海普天检票机小组的组长、上海市优秀学科带头人，毫无怨言地承担起这个职责，不但带领自己单位的同事加班加点，还积极影响了兄弟单位的开发人员，为其提供开发场地，详细解释标准与协议流程，保证了项目最终的顺利完成。

这次项目也再次考验了上海普天应用软件的设计与编写能力。优惠方案不但能在新设计的终端设备得到运用，在早期安装的国外厂商设备上同样能得到很好的发挥。通过这个项目，上海普天检票机小组创造了多项第一：第一个开始开发，开发品种也最多；第一个通过轨道交通票务中心的测试；第一个完成上线运行且问题最少。这个项目也是上海普天检票机小组在上海“一票通”改造项目后再次为上海市民做出贡献的项目。由于其出色的表现，上海营运公司将这次轨道交通 1、2、3 号线客服中心改造项目中的检票机部分指定交该小组完成，为普天在上海地铁新一轮的建设奠定了良好的基础。

公共交通卡“联乘优惠”政策使市民在享受快捷的城市交通带来极大便利的同时，节省了更多的出行费用。其社会效益可从多方面考虑。从市民角度看，平均每人每天节约 1 元，全上海的市民每天即可节约 1 千万元。从运营商角度看，每天可增加 1/3 的客流——按公交每日客流 700 万、地铁每日客流 260 万计算，即可增加客流 200 万。去除优惠额，实际增加效益达 30 万。从行业范围来看，上海是继国内公交间实现“联乘优惠”后，率先实现城市公交与城市轨道交通“联乘优惠”的城市，在国内处于领先地位。

“老国企精神”：生产管理中心迎接新的市场机遇

独木不成林，一花难成春。一个人再强悍、再有能耐，终究势单力薄，敌不过集体的智慧和力量。轨道交通 AFC 系统是一个复杂的工程项目，要想完成得好，需要各方人才各显神通。在普天轨道，平均年龄不算年轻的 13 人团队组成了强大的生产管理中心阵容，其中汇聚了物资采购、计划投产、生产监造、图档审核、资料管理、技质工作等各路人才。他们风雨同舟、荣辱与共，始终把客户的要求放在第一位，对整个事业部合同项目的完成起到了不可或缺的作用。

生产管理中心负责物资采购、自制部件的投产、设计文档信息在 ERP 平台上的流转、设计图纸与生产加工方的交付等关键性作业。合肥地铁 AFC 项目、上海某国际乐园项目、上海地铁 10 号线换乘站项目、上海地铁拍打门新品试制项目、重庆及上海备品备件投产等大大小小项目的完成，离不开生产管理中心这些人默默有序的付出（图 4-42）。

2015年对于轨交事业部来说无疑是个硕果累累的丰收之年。几个大项目纷至沓来，着实让人在兴奋之余不免担忧。合肥项目原定 2016 年年底前开通试运营，由于用户方的要求，第一、第二批 5 个车站设备必须在 2015 年 12 月底前开通，比原计划时间整整提前了一年，也就是说从签订合同到设备供货只有 12 个月的时间。时间如此之短，对生产管理中心负责采购、投产下发的各位师傅是极大的挑战。几十个供应商要管理，几百张图纸要消化，几千个零件、几万根线缆都要逐一检测。还有

图 4-42　QC 质量小组获奖

3C 检测、老化、耐压、高低温测试等一系列检验工作。兵来将挡水来土掩，质量管理中心铆足了劲，在领导的带领和合理安排下，秉承着优良的职业操守各施其职，有条不紊地执行着（图 4-43）。

一个项目开始，首先是设计，根据合同技术要求提交设计文档，其后生产管理中心负责图档审核的师傅们立马上阵，逐一核对设计图纸，一张一张审核、签字，以最快的速度完成标准化图纸归档。此时参与物资采购的师傅们便依据设计文档，不厌其烦按物资提供的周期长短、价格高低分门别类，最后选择性价比高、质量上乘的供应商。一个项目下来常常电话打爆、口干舌燥，但只要有一丁点空间就会争一分高低，只为了保障一点点利润。

图 4-43　上海地铁现场维保工作

为了完成大量物资的采购，师傅们想方设法，在时间紧任务急的情况下加班加点周旋于供应商之间。至于进口物资生产、运输和报关等不确定的问题，领导则亲自督办，几乎每天游走在生产管理中心，以防节外生枝（图 4-44）。

投产的师傅们更是全身心投入，仔细又仔细，核对着 ERP 系统数据，经常把投产单据翻烂，生拍投错、漏投，因差之毫厘，而谬以千里。整机的投产、开花，外购物资、自制部件的下发，都凝聚着师傅们的心血和汗水，还时不时心生担忧，直到设备组装成功方能心头一块大石落地。更棘手的是很多投产单据已经下发，又因项目需求突发性改变而修正投产数量、修改投产物料（图 4-45）。

生产管理中心的师傅们经常到了饭点还在埋头工作，在各自的领域内管理着自己，不求最好，只求更好。库房管理井然

图 4-44　机加工现场有条不紊

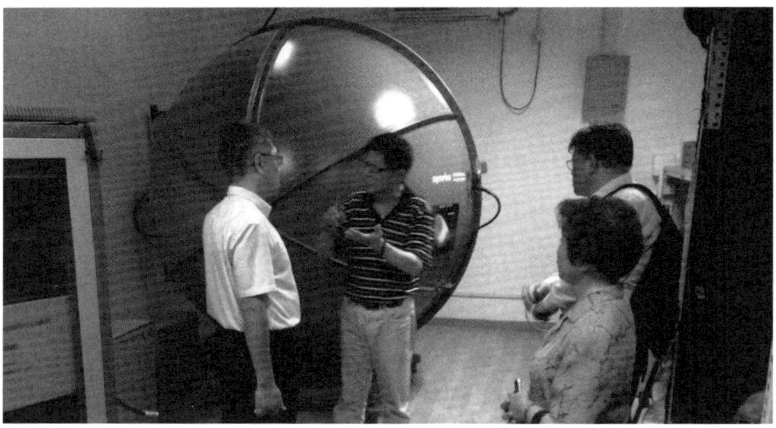

图 4-45　质量检测中心

有序、料账一目了然；生产监造劳心劳肺，鼎力相助。他们言传身教地带动年轻人完成了一个又一个合同单据。

前锋站打得漂亮，后方也要给力。工程项目的完成，离不开设计资料的标准化、管控、整理、复印、发放。每一页技术资料的准确发放和回收，一丝一毫都不能马虎。整个项目设备大大小小的设计图纸，复印后堆起来用 4 吨平板车来装载一点不为过。可想而知资料员有多辛苦。

年末岁初本可以相安太平，却又逢审计，历年来累积的库料、项目合同采购但还未装配的物料要一一入账、料账一致。6千多条不同物资、不同合同的外购物资、自制件数据要整理与库房核对，工作量之大没法形容。生产管理的领导们都是一不做二不休、做事绝不含糊之人，他们多次往返总部和奉贤基地。阴冷灰暗的天，带给人的是满满的不悦和烦躁，领导们却带兵在奉贤干得如日中天。对生产管理中心来说，没有做不到的事，没有完不成的任务。一位上海业主曾说过：“普天只要动起来，就是再大的问题也不是问题。普天有老国企的精神，有战斗力，能够打硬仗、打胜仗。”

技质工作也做得堪称完美。如果设计是红花、生产是绿叶，那么质量就是串起红花和绿叶的枝条。从整个质量管理体系的搭建，到各个控制点的建立，事无巨细，在每个关键点总能感受到质量管理或润物细无声或雷霆万钧的存在。在设计环节，兢兢业业的工艺、例行试验工程师，反复沟通、逐一确认，严格的把关，使得年轻的设计人员如临大考，把质量控制前移，最大限度地降低质量成本；在供应商管理环节，为了提升材料的合格率，质量工程师更成了各个供应商车间的常客，从设计图纸的核对、首样的安装确认、发货的检验标准，质量工程师把供应商的车间当作了自己的战场，把不合格品消灭在进公司前；在样机确认阶段，更是样样亲历亲为，精益求精，力求提前发现产品缺陷，修正技术偏差；在原材料大批量入库时，也狠抓进货检验质量，严格制定检验方案，针对关键件加强进货检验，坚决不放过任何一个不合格物料。在产品的生产过程、出厂环节，除了日常巡检，加班更是家常便饭，稍有问题，一份份不合格单马上出现在各个关键控制点，举一反三，不停改进，为每一台出厂的设备保驾护航；即使到了用户安装、使用环节，只要有任何的偏差，串起各项改进措施的，仍然是质量工程师那一丝不苟的责任心。正是他们点点滴滴、踏踏实实的工作，遵循着 PDCA 循环，以客户为关注点，注重过程管理，推进持续改进（图 4-46）。

在新的形势、新的环境、新的挑战中，新一代国企产业工人，依旧是这个时代的主力！

让传统制造优势与现代科技完美结合

把握后发优势，重新主导市场

从 AFC 行业的属性来说，这是一个相对比较专一的领域，但是对于普天轨道来说，公司的愿景并不是一家大而全的企业，

图 4-46　工厂装配现场

而是选择走可持续发展的道路，渴求企业在稳步发展的过程中实现基业长青的宏大战略。

普天轨道的母公司——东方通信的发展历程，对于普天轨道今天的发展具有非常重要的借鉴意义。当年东方通信的发展不是靠新闻体的大肆宣传轰炸来提高知名度，而是将摩托罗拉这一合资品牌通过引进、消化、吸收，进行再创新，从而建立形成东信品牌，并取得市场与口碑的再提升，在已建立的市场和客户基础上，将摩托罗拉品牌改换成东信品牌。这与今天普天轨道的发展情形颇为相似。特别是 AFC 设备行业本身，就是一个从纯粹依靠进口设备集成，到现在逐步实现独立国产、自主开发的行业。对于普天轨道来说，在未来的市场竞争中，也要勇于创新，敢于打响自己的品牌。

有时市场的变化与发展就像龟兔赛跑一样，落后者往往不轻易间会发现自己竟然会受到幸运之神的垂青，可以跳跃前进。当年东方通信的发展就是一个很好的例子。当时在中国，电话设备很少，几乎没有遍布全国的电话线和电话机缆，面临的选择是在无线传输的道路实现跳跃，还是继续一步步追随发达国家的步伐。东方通信抓住了这样的机遇，做了对的选择，一下子在国内的移动通信市场站住了脚跟，并取得了长足的发展。

普天轨道曾经一度在市场处于领先状态，但是后来由于种种原因，失去了原来的市场地位，历经跌宕起伏，现在随着中国普天业务整合而成为东方通信大家庭中的一员，企业的发展目标也进一步明确：依托东方通信的资源优势，把握发挥后发优势，重新出发，成为行业的主导力量。

紧抓在手机遇，发现技术趋势

在企业发展中，曾经有一个这样的命题：嫁一个富人好，还是嫁一个能人好。这个问题看似很简单，但真要回答好，却不是很容易。富人可以衣食无愁，但嫁一个能人可以跟他学一手本领，互相促进，共同发展。

对于企业来讲，当然想要干得好。这样就有成就感。如果固步自封，何以干得好？对于当初的东方通信来说，不单是干得好，也不仅是嫁得好，而是要既干得好又嫁得好，这样才能够在短期内实现跳跃发展，做出超越自我的惊人业绩。

今天的普天轨道公司面临的市场竞争环境也是十分激烈的。虽然在已有的领域中，普天轨道交通已经取得了一定的优势，但是由于移动支付和“互联网 +”的紧密关联，AFC 系统越来越需要通过互联网与第三方支付平台和 App 平台等进行数据交互，对 AFC 系统的可靠性、安全性、实时性和开放性的要求越来越高，AFC 系统对网络的依赖度也越来越强。为应对这些变化，各地 AFC 系统在升级改造时对地铁内部通信传输网络进行加强或调整，实现双联路通信，保证数据传输的可靠性，同时在原来 AFC 系统 5 层传统架构下，增加互联网票务管理平台，实现与外部的支付平台、第三方业务平台对接，以将客流和交易数据传回到现有 AFC 系统，实现数据的汇总和清分。

无卡化的趋势似乎也是一种解决途径。继二维码支付、NFC 支付在 AFC 系统应用之后，作为生物识别的人脸识别支付在 AFC 系统应用的需求，又一次被提了出来。人脸识别是基于人的脸部特征信息进行身份识别的一种生物识别技术，结合了计算机图形学、可视化技术、机器学习、模式识别、专家系统、数字图像处理等多种专业技术。人脸识别技术在银行、超市、安保等行业应用广泛，但是在地铁 AFC 行业尚未大规模采用，这无疑在未来也会成为一种市场趋势。

在产业链上下游变得越来越模糊的情况下，如何找到自己合适的定位，无疑是普天轨道交通一直在思考的，特别是随着东方通信成为母公司之后，更应该发挥优势将产业链整合好，特别是针对 AFC 发展的新趋势，集中优势进行攻关，来得到市场认可，并打造 AFC 行业的相关标准。

事实上，今天 AFC 行业遇到的机遇问题，与当年移动通信领域的问题十分相似。当年在日新月异的移动通信高技术领域，东方通信还相当落后，一定要先向国外公司学习。这种学习务必十分用心，开动脑筋，坚持不懈。后来，东方通信把引进技术的手机质量做到和原装货一样水平，乃至某些方面还有过之而无不及，促进持续不断转移新产品，中外双方共同看准了中国的市场和机会。同时，在和外方的合作中，东方通信也用实际行动为国人争光，为民族争气。

当年，东方通信获得成功，很重要的一点，就是与外商合作，不光是单纯引进产品技术，而应是全面引进现代管理理念、方法和机制。对于今天的普天轨道交通来说，面临合作不仅是与国外厂商的，而是与国内其他行业的领先者。特别是像人工智能、人脸识别等方面，国内的许多企业，特别是像杭州的一些互联网企业已经走在了全行业的前列，对于同为杭州企业的东方通信来说，可以抓住这个机遇，不仅要找个“富人”，也要找个“能人”。

掌握信息多的人对信息少的人容易形成一种权威，容易形成一种领导和威慑，没有信息就等于失去地位了。人类社会在某种意义上说从古代到现代实际上就是靠信息等级来维护与发展的。掌握不了这个信息就不能做事。就像是在通信市场上，譬如五个人，原来靠写信进行交流不方便，有了电话以后交流就很方便了，如果两人有电话，他们得到的信息就多了，剩下的三个人也会急于加入电话网。信息等级的存在以及急于从低等级信息进入高等级信息的热望使信息市场有着广阔的发展前景。

在 AFC 市场也是这样，当越来越多的城市开始采用新型的支付方式，特别是像二维码、人脸支付等手段运用上去之后，会让这种模式更加推广，这无疑也将为企业创造更多的机会，也是值得企业在未来营销中的方向。行销是一种凭语言、点子、构想等战略决定胜负的竞争未来信息社会是一个没有信息等级的社会，信息面前人人平等。如果达到了这个目标，将给 AFC 产业的市场扩张创造无限商机。

我们一旦机遇在手，就要千方百计把它用好、用足，从而产生一种机遇效应，其中离不开创新、冒险、艰苦奋斗、学习、责任与担当。随着 AFC 产业的产业链的延伸，我们有条件和优势进行渗透和部分转移，那将会提高整体运营的稳定性和安全感。

随着信息技术在 AFC 行业的应用，AFC 行业从传统的第二产业，开始逐渐向第二、三产业进行融合。应该说，正呈方兴未艾之势，AFC 行业也将呈现出更加广阔的前景。但此时尤为重要的就是在第二和第三产业之间寻找一个良好的链接。

事实上，当机遇在手的时候，更为重要的就是找实施时机趋于成熟。当年的东方通信所抓住的时机，就是在中国经济开始高速发展之势，对于移动通信的渴望。从国家和民族来说，中国这么大的国家，有这么多移动电话，没有自己的品牌，东方通信不好向历史交代，创自己的名牌是我们东信人的历史使命。

今年，当长三角一体化等国家战略纷纷实施的时候，对于普天轨道交通来说，也面临着一个全所未有的机遇。区域一体化的时机已经越来越成熟，长三角各地的 AFC 系统面临着加速融合的阶段，服务国家战略构筑高水平一体化，是普天轨道交通的使命。在满足地铁进站的时间需求，支持多样化开放的支付渠道，对于 AFC 企业来说，如何将业主的需求，与实际的业务操作结合起来，是一件非常有价值的工作。

对于轨道交通行业来说，新技术革命已经来临，技术更新在加速进行。这样倒逼着 AFC 企业不仅要紧跟技术趋势，更要能够发现新技术趋势的能力。

坚持自主发展，保障运行安全

今年 7 月 26 日，由中国城市轨道交通协会运营管理专业委员会、社会科学文献出版社共同主办的《城市轨道交通蓝皮书：中国城市轨道交通运营发展报告（2018-2019）》（以下简称“蓝皮书”）发布会暨“城市轨道交通运营监测技术与数据应用研讨会”在北京举行。

蓝皮书指出，2018 年中国城市轨道交通持续高速发展，越来越多的城市迈入网络化运营阶段，客运量、客运强度等指标位居世界前列，行业监管不断加强，企业管理与技术创新能力不断提升。与此同时，城市轨道交通行业管理逐步完善，标准化进程不断推进，智能运维、智慧城轨等新技术新热点不断涌现，共同推动我国城市轨道交通运营健康可持续发展。

蓝皮书指出，目前，我国大陆地区步入或基本步入网络化城市共有 17 个，共有 63 个城市的城市轨道交通线网获得中华人民共和国国家发展和改革委员会或地方政府批复，待全部建成后，将有超过 30 个城市迈入网络化运营阶段。

2018 年，我国城市轨道交通运营企业在管理体系优化、运营成本控制、智慧运维技术等方面进行了持续探索，取得了一系列优秀的创新成果。未来几年，生物识别技术等多元化支付技术、区域轨道交通一体化、信息化 + 智慧城轨等将是发展热点和重点关注话题。

蓝皮书针对现存问题提出四点建议：一是建议综合考虑车站容纳能力和车辆运输能力的匹配性，二是建议建立健全长效管理机制，三是建议城市轨道交通运营主管部门和行业协会尽快推动出台城市轨道交通运营相关法律法规和运营安全评价等标准，四是建议企业采取多种手段，保障车站服务环境。

蓝皮书指出，随着网络化运营规模逐渐扩大，线路之间关联度越来越高，运营突发事件影响范围和严重程度具有更大不确定性，运营突发事件造成的故障效应被不断放大，小故障也可能造成大影响。

对于 AFC 企业来说，在整个城市轨道交通运营中，只是占了很小的一块，但是如果出现了问题的话，则很有可能会造成非常大的影响，因而及时将最新且可靠的技术运用到实际的项目上去，无疑是今后发展的一个重要的方向。

高新技术产品有一个突出的特征，就是靠技术不断更新换代来占领市场，把现有的技术和产品淘汰掉。这种淘汰是强制的，毫不留情的，在技术换代方面的任何懦弱都会招致灾难。从骑马到骑自行车、骑摩托车、开汽车，再到乘飞机，这些新技术的出现周期越来越短。有资料表明，19 世纪以前，新技术的发明周期为 100 年；到了 19 世纪，周期缩短为 50 年；进入 20 世纪上半叶，周期进一步缩短为 30 年；20 世纪六七十年代，缩短为 10 年；20 世纪 80 年代，缩短为 3 年；20 世纪 90 年代，缩短为 1 年；到了现在，三五个月就会变革一次。世界在加速度旋转，特别是随着 5G 的到来，很多行业都发生了翻天覆地的变化，特别是 5G 将带动物联网的发展，其对于整个轨道交通行业的生态变化的影响将会非常显著。

高科技的发展势必会带来风险决策。高科技必然带来高投入，而高投入的结果未必会是高产出，有时甚至是颗粒无收，更有甚者会导致之前的业务发生问题。因而成功的风险决策要有两个必要条件作为前提：一是作决策时必须审时度势，缜密论证，细致推敲，不放过任何一个影响决策的要素；二是执行决策时要破釜沉舟，雷厉风行，一旦发现问题及时予以修补。别人用 10 天执行一个决策，如果你能用 3 天，即使再加上修补时间，都会有效提高决策实施效率。

目前 AFC 行业发展所面临的主要问题是市场分割较严重，市场竞争不够理性，行业集中度有待提高。近年来，随着国内经济的持续高速发展及城市化进程的推进，经济发达、条件较好的部分城市率先发展城市轨道交通，直接带动了当地 AFC 企业的成长。然而，在这样背景环境下成长起来的部分当地 AFC

企业，其业务的区域依赖性还比较高，由此行业存在因区域保护而产生的市场分割现象，造成了行业集中度不高、市场竞争更加残酷的状况。

从国际成熟市场来看，AFC 行业市场集中度都比较高，主要国家一般只有少数几家 AFC 系统和终端设备供应商占据市场主导地位。从提高效率的角度来说，AFC 行业的适度集中有利于资源的整合和效率提高，可以避免因重复开发、重复投入所造成的浪费。虽然我国 AFC 行业已经出现了十多家规模较大的系统集成商和设备制造商，但与成熟市场相比，仍然数量偏多，规模偏小，行业集中度有待提高。

国家规定 AFC 终端设备的国产化率不得低于 70%，为国内 AFC 终端设备供应商提供了重要的发展机遇。同时，由于国外设备价格昂贵、成本高、售后服务难度大，随着国内制造企业自主创新能力的提高和技术进步，各地城市轨道交通业主越来越青睐国产设备。在质量和性能方面，国内厂商自主研发的自动售票机、自动检票机、自动加值机、人工售票机等系列 AFC 终端设备不仅已达到国际先进的技术标准，在某些方面还优于同类进口设备，赢得了业界的普遍认可和信赖，国产 AFC 终端设备在国内轨道交通 AFC 市场已逐渐占据主导地位。期待在未来国内的轨道交通发展中，能够完全使用国产设备，这样也可以为国内企业未来的发展创造良好的市场机会。

当前，东南亚和南亚新兴发展国家也已进入城市化高速发展时期，城市轨道交通设施投入不断加大，这些国家或地区当地 AFC 产业还相对落后，产品以进口为主，市场潜力很大。国内 AFC 终端设备制造企业经过多年的发展，在技术、经验、产品质量、性价比等方面显示出较强的竞争力，已经具备了开拓海外市场、谋取更大发展的综合能力。

中国的 AFC 系统在短短二十余年中发展得十分迅速，车票介质在此过程中经历了纸质、磁卡、逻辑加密 IC 卡、CPU 卡的快速演进。随着 IT 技术不断的发展、云计算技术的爆发，AFC 系统的体系结构也从经典的五层架构扁平化为四层、甚至三层。其中，AFC 系统中核心的数据，包括客流 OD 数据、线网全天客流分析、站点客流分析等，在实行了手机过闸技术的应用后，有着更高的商业价值。

今天，轨道交流正在向数字化、智能化方向演进，先进的技术在为轨道交通运行和发展提供了有力支撑的同时，也赋予了它更多的价值与可扩展的空间。未来，将有无限可能。

第 5 章
未来：将有无限可能

树叶是边缘的、光鲜的、清晰的、干干净净的，树根是拖泥带水的、没有规则的、在黑暗里的，这是创业核心的特性。企业发展有高峰就有低谷。企业进入低谷就是考验树根的时候。即使满树的叶子全落光，只要资源充足，还是可以再长回来。

智慧轨道交通的发展

城市轨道交通的发展是一次次技术革命的路程，从人工到自动化，再从自动化发展到智能化，最终达到智慧化的目标（图5-1）。

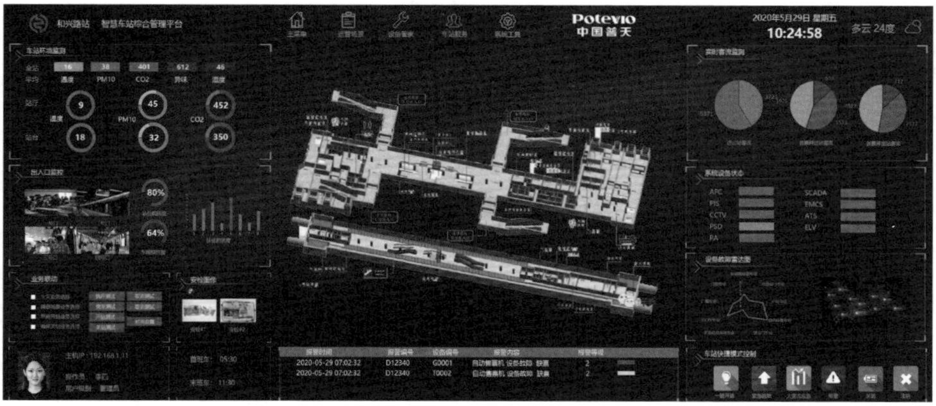

图 5-1　智慧轨道交通管控平台

1996 年，普天开始研发自动售检票（AFC）系统，将国内轨道交通的售检票由人工售检纸票以及手工台账统计账务及管理的方式，进化为通过一系列机电一体化的设备以及系统化的软件，实现售票检票的自动化、票务账务的数据化。

随着 21 世纪的到来，轨道交通建设速度的加快、运营线路的快速增长、客流的爆发式上升，对设备和系统的考验大大提高。

2006 年，普天开始在 AFC 设备内部部署了部分智能的功能，主要在模块层、设备层、系统层实现了智能化运行的功能。

在模块层，核心模块加入了各类传感器，并调制相应的电机等驱动硬件和固件，通过动态感知运行情况以适应多变的运行环境和工况。

在设备层，设备对运行信息进行数据采集和统计计算，进行上传设备状态和交易数据，再根据运行参数和控制命令进行操作。

在系统层，系统配套研发了智能维修平台，实现了设备状态的监控、设备故障的统计、备品备件的管理、维修工单的调度等功能。

在“十三五”时期，随着云计算、大数据、物联网、人工智能等技术的飞速发展，人类迎来了第五次工业革命，同时也为智慧地铁的发展插上了腾飞的翅膀。扫码过闸、生物识别、在线支付等移动互联网技术的应用为乘客带来了全新的乘车体验。

生物特征识别技术

2015 年，普天开始尝试研发人脸识别技术在轨道交通的应用，并研发了第一代人脸识别自动检票机，获得首个人脸识别

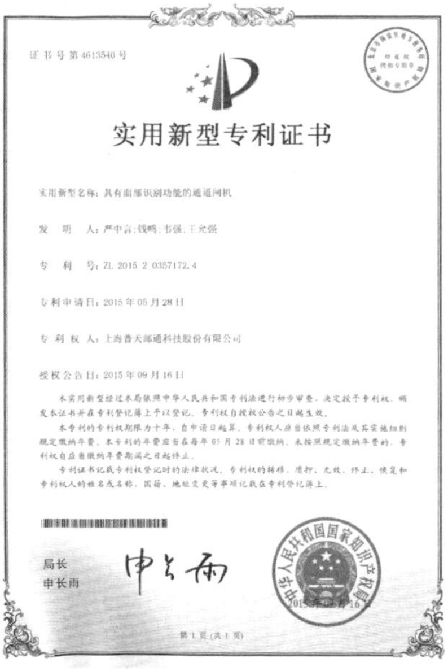

证书号第4613540号

实用新型专利证书

实用新型名称：具有面部识别功能的通道闸机

发　明　人：严中言；钱鸣；韦强；王允强

专　利　号：ZL 2015 2 0357172.4

专利申请日：2015年05月28日

专 利 权 人：上海普天邮通科技股份有限公司

授权公告日：2015年09月16日

本实用新型经过本局依照中华人民共和国专利法进行初步审查，决定授予专利权，颁发本证书并在专利登记簿上予以登记。专利权自授权公告之日起生效。

本专利的专利权期限为十年，自申请日起算。专利权人应当依照专利法及其实施细则规定缴纳年费。本专利的年费应当在每年05月28日前缴纳。未按照规定缴纳年费的，专利权自应当缴纳年费期满之日起终止。

专利证书记载专利权登记时的法律状况。专利权的转移、质押、无效、终止、恢复和专利权人的姓名或名称、国籍、地址变更等事项记载在专利登记簿上。

局长
申长雨

中华人民共和国国家知识产权局

第1页（共1页）

图 5-2　人脸识别检票机专利证书

检票机国家专利（图 5-2）。同时开始自主研究人脸识别算法，通过学习各类主流算法框架，建立了自己的人脸模型，完成了人脸检测、跟踪、识别、比对等相关功能。真正掌握核心引擎，能够完全融合通行策略，准确画像人员通行状况。

2018 年，介于其时人脸识别技术的部分缺陷，普天进行了更多的生物识别技术研究，其中就包括远距离虹膜识别技术和非接触式3D指纹技术。

远距离虹膜识别技术

远距离虹膜识别技术具备远距离虹膜识别、无感、安全性高、生物重码率低等特点。

远距离虹膜识别技术是一种新兴的生物特征识别技术，相对于指纹识别和人脸识别具有更高的准确率和稳定性，这是一种可以在远距离、全自动地拍摄虹膜图像的设备，以解决虹膜识别的易用性问题。该设备设计了一种基于双目视觉的远距离虹膜识别系统，该系统首先对摄像机进行标定，对双目摄像机中的人脸图像进行配准，从而估计人脸在空间中的大致位置，然后在捕获到清晰的虹膜图像后进行虹膜识别（图 5-3）。

图 5-3　远距离虹膜识别检票机

非接触式 3D 指纹技术

非接触式 3D 指纹技术具备用户主动性使用的特点，更匹配乘客通行习惯，单次 4 指纹判定，安全性高。

非接触式 3D 指纹技术是一种动态的、高速的、百分百无接触的指纹识别技术。主要特点是从视频流中检测和跟踪指纹（超高帧率），3D 视频流被转换成 2D 图像，采集指纹的表面、形状和曲率，具备更丰富的图像、更多的采集面积，比传统接触传感器更高的精度（图 5-4）。

语音识别技术

2017 年，普天联合科大讯飞开发了国内第一套语音识别购票设备，并在合肥轨道交通 1 号线上线运行。

2018 年，普天与上海地铁合作，采用阿里的语音识别技术，在上海地铁上线了支持模糊地点查询的语音购票设备。

2020 年，普天与阿里签订战略合作协议，共同研发具备语音识别技术的智能化设备，集成了 ASR（语音识别）、NLU（语义理解）、GIS（坐标信息模糊查询）等技术。

当下研发的语音识别功能主要是让智能设备通过智能多模态交互、情感交互、主动服务、自动完成固定流程任务等，替代部分人工的服务能力。

主要功能包括：智能语音对话——与机器人进行语音对话，具备多模态和多媒体的交互能力；智能讲解与推介——使用机器视觉技术，自动识别人的行为，并自动通过虚拟人进行自动讲解介绍；虚拟机器人形象——定制虚拟人个性形象（图 5-5）。

智慧化服务设备

智慧化服务设备是各类生物特征识别、语音识别、数据分析等技术在通过一系列软硬件集成后的产物。

2019 年，普天研发设计智能客服终端，具有票务自助处理、信息咨询服务、开具电子发票等功能，能替代车站票务客服人

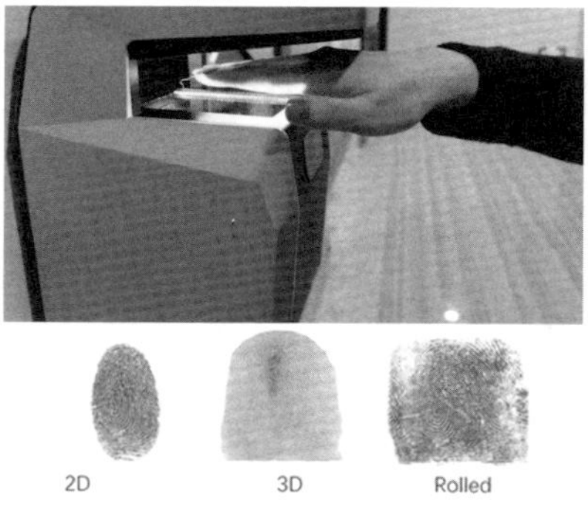

图 5-4　非接触指纹技术

图 5-5　智能语音服务

员及票房售票机、自动验票机的大部分工作量，有效减轻客服人员压力；同时自助票务处理机可扩展实现账户实名服务、远程视讯服务等其他服务，可增强乘客体验，为乘客提供更多元化服务（图 5-6）。

智能客服终端适合摆放在付费区和非付费区，可根据车站布局情况摆放在进站闸机、出站闸机的附近，就近服务乘客。智能客服终端造型醒目且具有时代感，有助于乘客容易发现、就近使用、快速自助完成业务，解决原来需要找有客服人员的窗口排队才能办理业务的麻烦。

2020 年，普天研发设计了智能客服中心。智能客服中心具有自动售票机、半自动售票机和智能客服终端的全部功能，并进行功能整合，提供更高水平的服务。

智能客服中心设置于车站付费区与非付费区的边界，由乘客自助操作。乘客可通过智能客服中心自助操作实现现金及非现金票务、电子发票、咨询、导航、投述、查询服务、增值服务等服务（图 5-7）。

图 5-6　智慧客服终端

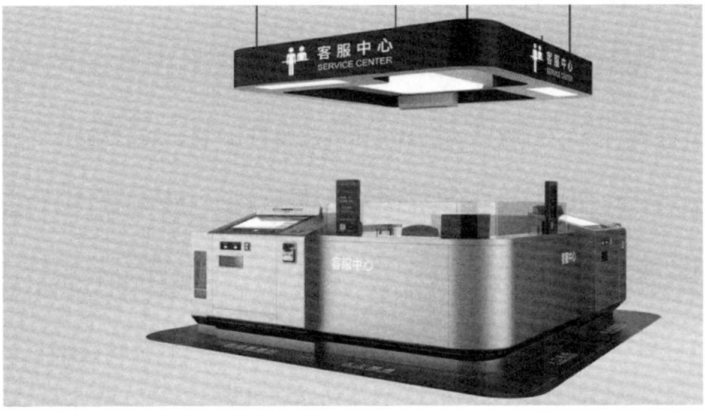

图 5-7　智能客服中心

智能客服中心与线网坐席中心实现音视频交互，能够进行乘客人脸生物识别，乘客可接受客服代表的指导进行设备自助操作，或向客服代表实现问询或者投诉等服务。

智能客服中心支持乘客自助操作或应用智能语音技术按设定的票务规则处理车票，包括车票（含多元化票种）的分析、零钱兑换、无效更新、现金及网络支付、电子发售、充值、延期、退款、电子发票、交易查询、行政收款，可选择打印单据。

智能客服中心支持线网地图、列车运营时间、票价表、站内导航、换乘查询、地铁商业、地铁周边地理信息查询等。同时具备人体感应模块，在没有乘客操作时，可以根据参数自动播放预先录制的影音片段，自动播放的时间、频率、时间间隔可以通过参数下达设置。

智能客服中心配置电控门和 AED 设备安放，以便应急处理情况下的乘客自救。

未来发展

未来，在人工智能、云计算、大数据分析、物联网、5G 通信等技术的加持下，将这些技术应用到智慧地铁的各个环节中，最终可以为乘客提供最优出行规划、智能票务服务、交互式信息查询以及商业生活接口等全新、便捷的出行体验，同时可为地铁运营实现客流预警、行车调度、故障维修、安全保障等综合运维管理提供智时代技术支撑。

普天的目标就是在这股智慧交通的浪潮中成为轨道交通行业的“智造者”。

发扬光大东信精神

2019 年 5 月 20 日，江西赣州，于都河畔。习近平主席动情地说："这里是中央苏区，是红军长征的出发地。我这次到赣南，就直奔于都来了。我来这里也是想让全国人民都知道，中国共产党不忘初心，全中国人民也要不忘初心……"

10 天之后，首都北京，在"不忘初心、牢记使命"主题教育工作会议上，习主席开宗明义："为中国人民谋幸福，为中华民族谋复兴，是中国共产党人的初心和使命，是激励一代代中国共产党人前赴后继、英勇奋斗的根本动力。"

对于普天轨道来说，我们同样也需要时刻问自己——普天轨道的初心究竟是什么?

当年，东方通信面临着激烈的市场竞争环境，被迫开始"长征"，进入移动通信领域。当时的通信产业无非就是这么几大类:交换类、传输类、用户终端产品，其中又分有线和无线。交换产品主要分布在上海 520 厂、洛阳 537 厂、长春 513 厂等老厂；传输产品有眉山 505 厂、上海 519 厂、广州 524 厂等大企业；微波产品有北京 506 厂和西安 503 厂等定点厂，投资都已经有相当规模了。东方通信的前身 522 厂一度以自主开发的微波载波产品为主导，但是由于多种因素，特别是微波载波产品陷入质量危机之中，迫切要求寻找新的生机和希望，这时，移动通信领域进入了它的视野。相对于其他通信产品方面都有很强的对手，移动通信产业尚存空白。东方通信瞄准公用移动通信产业运营部门需要的产品，经过艰苦曲折的历程，终于奠定了自身的产业基础（图 5-8）。

图 5-8　东信集团东信城

今天，普天轨道人同样要有长征再出发的决心。无论走得多远、未来多么光辉，都绝不应该忘记，当初为什么出发。特别是在 AFC 领域，一定要让中国的技术、中国的标准成为主导的力量，为广大乘客服务。这是普天轨道的初心，也将为企业今后的发展指明方向。

将机遇转化为业绩

对于东方通信来说，上海是一块福地。20 世纪 80 年代晚期，我国的公用移动电话业务正式放号运营。在运营起步初始，国家计委和邮电部就开始部署国家公用移动通信产业的定点，这时，东方通信通过引进移动通信产品制造技术填补了这一产业的空白。几乎同时，南京无线电厂选择了引进样机解剖，自行开发，之后组织生产，但由于移动通信产品的技术和工艺高度密集而且十分复杂，制造技术要求也很高，未能成功。而当时东方通信第一批组装的3000台手机，就是上海购买的。上海可以说是东方通信的市场发源地。

“风险 + 风险 = 新机会”，这个等式在当年东方通信的发展中被认为是可行的。当年东方通信是用市场换技术，以换取合作伙伴以技术换市场。东方通信没有摩托罗拉的技术合作，不可能占领现有的移动电话产品市场；而摩托罗拉没有东方通信的市场突破，不可能把在华业务发展到后来的规模。对于今天的普天轨道来说，也要经历这样一个过程，也就是在技术与市场之间，寻找到与合作伙伴共同发展的空间，寻找到市场的新机会。

把握一个成功的机遇不容易，而要把机遇转化为经营业绩就更加困难。对于普天轨道来说，重要的不仅在于抓住机遇，还要善于把机遇转化为有效业绩。当年东方通信看到用户买基站的时候有意带手机，于是考虑把基站与手机打包出售，从而捕捉到了新的商机。同理，普天轨道在完成AFC项目的时候，要考虑自己不仅是在卖机器，更是在提供解决方案和行业标准——这样才可有机会进入产业链的上游。

对质量精益求精

东方通信之所以能够在移动通讯领域获得成功，很重要的一个因素就是质量。当年，东方通信的合作方摩托罗拉的质量意识非常强，特别注重用户的质量反映，即满意程度。摩托罗拉高度重视公司员工的培训，不吝投入，他们创办的摩托罗拉大学非常有名，其主要任务就是对各级管理人才和员工进行现代培训。在同摩托罗拉的长期合作中，东方通信从他们那里学到的管理理念、方法和机制产生的效用，甚至远胜于产品技术本身。

摩托罗拉对质量精益求精，比如很早就提出“6 西格码”目标，即大约百万分之三以下的故障率，这一质量目标非常高（当时国内企业的全面质量管理一般要求是“3 西格码”，即小于百分之三的故障率）。为此，东方通信的员工们自我挑战，共同追求，不断提高质量水平。手机生产的一次性合格率，摩托罗拉要求达 80%，东方通信初期只能达到 75%，后经不断改进，从 80% 上升到 85%，直到后来的 90% 以上。当然这种一次性合格率是就过程中不经过检修的故障而言。故障分析检修之后，则常常可以达到 98%、99% , 甚至 100%。这无疑是东方通信可以在国内立足的重要因素。

在普天轨道的未来发展中，如何将 AFC 系统质量提高到一个更高水平成为了关键。系统质量包含了设备可靠性、数据传输的准确性等。值得注意的是，质量是一种基本理念，也是一个追求目标。日本人的质量目标是“零缺陷”，其实是做不到的。摩托罗拉则要求“零抱怨”，要求建立有效的质量体系，使整个企业朝着这样的目标运行。

对于 AFC 企业来说，很重要的一点就是要对业主负责。城市轨道交通等公共交通系统的业主，特别强调所应用 AFC 终端设备的安全性与稳定性，在设备招投标过程中注重考察设备供应商的过往业绩与行业经验，要求其有一定的项目实施经验和成功案例。而打造更节能、更健康、更安全的城市轨道交通网络，是践行新发展理念、实施健康中国战略的必然要求，也是新时代企业应该承担的社会责任。对于质量的严格把控，也将成为今后普天轨道交通发展的一大愿景。

要把产品的质量提升上去，必须针对发展过程中的“瓶颈”所在，及时采取相应的改革举措。这样的改革措施目的性较强，需要全体员工接受和参与。当然有时也会遇到阻力，甚至需要付出代价，但实践证明，这样的改革能够促进生产力的大发展和大解放。

为用户创造价值

任何现代企业都需要有具备自身特色的经营策略，其目的不是如何击败竞争对手，而是如何满足真正的需求，或者说，如何替客户创造产品的价值。AFC 是一个非常特殊的行业，介于轨道交通运营商和乘客之间。业主是 AFC 系统的主要服务对象，但感受又来自乘客。AFC 企业不与乘客直接打交道，又要以乘客的感受作为评价质量的重要标准。因而如何替客户创造产品的价值，是一个值得长期思考的问题。

赢得市场的法则是什么？答案恐怕不止一种。市场法则往往与战争规则相类同。现今经济增长的动力已由“需求追逐供给”转向“供给追逐需求”。这需要企业运用各种手段培育市场，特别是主动探索产品的互联网化，形成线上线下互动闭环，进一步完善“高端制造 + 高端服务”的金融生态布局。

猫科动物和犬科动物的分别在于，猫科动物是靠速度和力量捕捉猎物，能够袭击的对象范围比较受限制，太大的东西就不可能马上扑倒；犬科动物不是从正面来，它们是动脑筋的，往往会采用包抄迂回的办法，而且在时间的运用上也好一点，是趁你不备的时候来袭击你。对象再大也可以打倒。

当初，东方通信在战略方面，行为类似猫科动物，直截了当抓机遇；但是从策略来说，企业发展应带有犬科动物的机敏，迂回包抄、灵活机动。

都说生意越来越难做，特别是在 AFC 行业，大家都在寻找机遇。而在东方通信，大家有一个共识，这就是：机遇 = 认识机遇 + 创造机遇。机遇是上帝，谁也不知道它是什么样子。

机遇要从两方面来谈：一方面是认识机遇，另一方面是创造机遇。因为机遇随时都在，而且每个企业都有公平获得机遇的条件。机遇好比是上帝，谁也没有见过，谁也不知道它在什么时候采取何种面貌出现。这时候就看你的敏感度、判断力，能够认识机遇，才能抓住它。所以我们经常讲，上帝照顾勇敢的人。上帝是什么？实际上就是机遇。认识机遇，上帝才能眷顾你。

第二是创造机遇，要有这种条件、具备这种实力，机会来了就可以紧跟上。否则，没有与之配套的东西，机会来了也把握不住，留不住。而且机遇有连锁反应，可以由之产生新的机遇，具有创造性、延伸性和扩展性。

我们首先要抓住产业发展的机会，然后才能抓住进入市场的机遇。对于普天轨道来说，首先应该认识到 AFC 整个行业面临前所未有的机遇，

2017 年 2 月，国务院印发《“十三五”现代综合交通运输体系发展规划》，提出到 2020 年，城市轨道交通运营里程将比

2015 年增长近一倍，油气主干管网快速发展，综合交通网总里程达到 540 万公里左右。

2018 年 3 月，国务院办公厅发布了《国务院办公厅关于保障城市轨道交通安全运行的意见》，提出要以切实保障城市轨道交通安全运行为目标，完善体制机制，健全法规标准，创新管理制度，强化技术支撑，夯实安全基础，提升服务品质，增强安全防范治理能力，为广大人民群众提供安全、可靠、便捷、舒适、经济的出行服务。

中国城镇化率不断提高，人口向城市流动造成城市人口骤增、交通出行压力变大。城市公共交通建设主要解决的问题是提高出行效率。近年来公共交通的运行能力持续增长，城市轨道交通在公共交通运输方式中效率最高，建设城市轨道交通、推进城轨建设进程成为解决城市出行问题的最佳方式之一。由于城轨运输的高效率，未来城轨在城市公共交通中的作用会越来越大；随着城轨建设的加速推进，城轨客运量在公共交通客运总量中的占比越来越高；随着城市化推进和城市规模的扩大，城市轨道交通发挥的作用也将越来越大。

对于机遇，我们首先要有自信，相信自己肯定能找到机遇。当然也需要勇气，更需要有胆略，因为机遇是与风险伴随在一起的。要抓住一个大机遇可能获得大成功，但是抓不好也可能造成大风险。实际上这是一种智慧的集成，决策能力的升华。

把机遇变成业绩，这实际也是一种实力。对于一个企业来说，不仅要懂得寻找和捕捉机遇，更要勇于和善于把机遇变成成功的实践和业绩，这就是企业家与专家、学者、教授的差异。要把机遇变成业绩，仅靠管理理论是不够的，还需要其他的才干和勇气、魄力、毅力等精神和品质。特别是对于AFC行业来说，摆在我们面前的机遇非常多，但是每一个机遇是否都可以转化为最终的业绩，需要企业家进行实践（图5-9）。

推出品牌、打响名牌

德鲁克的《创新与企业家精神》一书中有一段话说：在20世纪70年代，当时很多经济学家预测，一个经济在长周期和短周期当中会跌入低谷，最长的周期大概15年。可是所有人都没有预测到，美国到了70年代，经济繁荣已经超过了15年，甚至还会有持续繁荣的趋势。后来，德鲁克发现，美国之所以保持繁荣，就是因为它不仅仅是一个市场经济，更重要的它是一个企业家经济。

中国改革开放四十余年，取得了巨大的经济成功。国家的开放政策、人们观念的改变、国家政策的调整是重要的因素，但是有一个更重要的因素，就是企业家人群。正是因为改革开

图5-9　哈尔滨地铁样机检查

放后我们出现了企业家群体，才有了改革开放四十年来经济的飞速发展，也使得今天部分中国企业可以开始去引领世界。

在当年东方通信的发展过程中，很重要的一点就是推出品牌、打响名牌。我们国家同样存在这个紧迫问题。一个强大的国家，一个伟大的民族，肯定会有一大批名牌产品或名牌企业，或者说一个拥有很多名牌产品和名牌企业的国家会被认为是伟大的国家。

企业的名牌可以说是企业形象、实力和信誉的象征。日本人曾提出，企业的竞争力是产品力、销售力，现在已经延伸到了形象力和文化力。这是个规律，比如说全球通的技术，日本国内没有采用，日本没有掌握这种技术，但他们照样可以经销全球通手机，他们就是卖品牌，比如 NEC、三菱公司，把别人的技术拿过来，加以包装或改进，就成为自己的产品。

这种做法其实与 AFC 行业目前的局面很相似，不少 AFC 企业实际是在做集成商的工作，将其他的产品做到自己的系统中。因而如果不能形成自己的品牌优势，仅仅靠价格优势进行竞争，很容易被市场所淘汰。

品牌如同一个民族自己的文字和语言，如果一个民族没有自己的文字和语言，这个民族迟早会被消融掉。同样，一个民族如果在国际市场上没有自己的名牌，迟早会被别人消融掉。一个好的 AFC 品牌不仅是要制造出可靠性高的 AFC 产品，更重要的是能够跟业主一起，创造出一个尽善尽美的乘车环境，让广大乘客能够真正享受轨道交通带来的出行便利，同时这种便利也是在安全的的情况下实现的，这样将会大大促进轨道交通事业的发展。

从不可能中寻找机会

美国著名管理学家彼得·德鲁克十分钦佩日本人对决策的重视和日本人的决策风格。他说美国人在与日本管理者打交道时有两点很怕日本人：一是日本人在作出决策前那样慢条斯理，让美国人等得不耐烦；二是日本人在执行决策时那样雷厉风行，让美国人措手不及。他认为日本人在作出决策前多花时间仔细推演和征求意见是值得的，因为这样可使决策做得好，从而执行起来就顺利得多；执行决策时雷厉风行，效率自然很高。如果盲目追求尽快作出决策，在作决策时不认真，马马虎虎，一旦决策出错，或至少考虑不周，执行过程中必然要反复修改，效率一定低下，造成“欲速则不达”。

对于今天的 AFC 企业来说，在做决策时候也应该做到事先缜密思考，不放过任何一个细节问题；在执行阶段则要雷厉风行，让决定下来的事情尽快得到实施。

对于任何一家企业来说，都是要靠创造竞争优势和综合实力来获得在市场上的支配地位。当年的东方通信是靠挑战市场成长起来的，从不可能中寻找成功的机会。这要靠智慧和胆识。东方通信靠这些特殊理念和经历创造了竞争优势。而要保持这种竞争优势，东方通信靠的是提升企业的综合实力，强化竞争优势，其中最关键的是品牌、技术开发和市场占有率。

对于普天轨道来说，当年取得的一系列成绩，也都是靠创造竞争优势和综合实力获得的，特别是像为上海国际主题乐园这样的全球知名企业服务时，更是要面对来自全球企业的竞争，而普天轨道的获胜，靠的就是自己的实力。值得注意的是，在未来的竞争中，普天轨道面临的市场环境肯定会更加复杂，也意味着我们要采取的手段和方法也会较过去有所不同。

今天，对于企业来说，制胜关键在于高成本的竞争。无论是生产制造、研究发展、自创品牌、建立行销渠道、延揽优秀管理人才，都需要花费巨额成本，所以未来将会是很昂贵的竞争，不再是小企业的时代了。普天轨道已经深刻感受到，未来在 AFC 领域的竞争过程中，肯定将会是一个行业不断“洗牌”的过程，人才和技术将向少部分的企业汇聚，“二八效应”会更加明显。

日本著名的管理学家、经济评论家大前研一指出，未来企业要进行高成本竞争就必须有庞大的资金和各类产品规模做坚实的基础，否则，如何支付竞争的昂贵代价？对于 AFC 企业来说，产品结构比较简单，未来将会很难抵抗市场风险，所以必须在多角经营上下功夫，尽快改变被动局面。

将东信精神发扬光大

钱是越来越难赚了，这大概是现在企业的共同感觉。对于 AFC 行业来说更是如此。随着参与企业数量逐渐增多，特别是其他行业的一些龙头企业开始进入这一领域，市场的平均利润在往下走。

既然钱难赚，那就看谁的窍门多了。赚钱既是一门有规律可循的科学，又是一门灵活多变的艺术。对于 AFC 企业来说，首先要有产业思维。什么是产业思维？就是不仅要把 AFC 系统看成今天让乘客进出站的工具，更应将其视为未来整个轨道交通行业发展重要的一环。

成功经营企业需要有一群富于进取心、敢于承诺、充满热情、富有天分和奉献精神的员工；要有一种不达目的不罢休的勇气和毅力；要有一种精诚合作的团队精神，时刻保持一种弹性。

企业跟人是一样的，总要有一点精神。在一定条件下，精神是可以变成物质的。当年，东方通信的跳跃式发展主要是依靠原先倡导的自强奋进、振兴企业的精神，并逐步将之升华为超越自我、挑战极限的精神。东方通信不是先让职工富裕起来再抓发展，而是随着企业的发展，逐步提高职工的生活水平，依靠职工执著追求超越、拼搏、奉献的精神获得创业成功。今天，普天轨道也面临着前所未有的挑战和机遇，也需要有一点精神——这种精神既是对于事业的追求，也是让所有的员工能够跟随企业一起发展。

当年，东方通信的精神是一种民族精神，是一种珍贵的自强拼搏、艰苦创业、团结奋进、无私奉献的精神。今天，普天轨道要对外加大宣传力度，对内强化灌输深度，特别是对新员工，更要将东信精神作为优良传统广泛传播，使其深入人心。要让东信精神一代代发扬光大。

企业家要当思想家，只有解放思想，积极思维，开拓进取，才能克服企业改革和发展中的各种困难，取得追求的成功，创造非凡的业绩。著名经济学家魏杰说："搞活国有企业已经叫喊了十几年，为何国有企业搞不活，是因为国有企业本身就是对市场经济的挑战。"所以企业应该是主动地、积极地走向市场。现在不少国有企业比较被动，总是消极等、靠、要，怨天尤人，终将无所作为。一定要主动出击，争取机会，知难而进，迎接挑战，在竞争者包围的市场中寻找突破口。

市场上要突围，管理上要创新，思维上要突破。决不能形成定势，墨守成规。而应更新观念，拥抱挑战。积极思维和消极思维大不一样。有消极思维的人，面对的几乎都是困难和问题，而积极思维的人经常思考的都是对策和答案。当年的东方通信就是这样，除了红头文件严格规定的必要程序和必经部门之外，其他事情都是企业自己想方设法去解决，也根本没有想要依靠外部解决。这就叫责任封闭。东方通信曾经推行过一种无限责任制，就是要不断地向自己的能力和潜力的极限挑战。这不是说不寻求外援和帮助，而是无限信任自己和自己的能力，有把目标彻底实现的决心。在一定意义上可以说，决心有多大，成功的把握也有多大。在普天轨道的发展中也面临过许多这样的时刻。不少项目，起初看来把握都不大，但是员工们硬是靠着坚韧不拔的精神以及非凡的意志，通过团队的努力，最终将项目谈了下来，这种精神无疑是值得我们今后继续保持和发扬的。

因循守旧、无所作为是某些企业陷入困境不能自拔的典型精神疲软，这样的企业急需通过思想再造工程修炼，建立起必胜的信心和勇气。企业经营者只有开拓思维，积极进取，才能带领员工满怀信心，知难而进，奋发图强，有所作为，从而使企业真正成为适应市场的法人实体和竞争主体。

经营者和企业家自身的学习和思考是其成长和成熟的途径，其中包括学习理论、学习经验、学习楷模。我们要学好政治理论，要学习现代企业理论，要学习企业成功的经验和失败的教训，力求寻找捷径，少走弯路。要学习心目中追赶的楷模，力求后来居上。我们在勤奋学习的同时要勤于思考，在实践中勤于修炼和总结，提高自己驾驭企业的能力。

挑战自我，超越自我

对于 AFC 行业来说，人才是最重要的竞争手段。我们如今在人才使用上存在两个问题：一是不少年轻人感到机会不足，他们跃跃欲试，企盼获得更多的发展机会；二是已经提供给年轻人许多重要岗位和机会，但没有让其得到应有的发挥，显然有脱节。

AFC 行业是一个人才迭代非常快的行业，新技术、新思维对于企业的发展至关重要，而年轻人对于技术的掌握速度又是非常快的，因而需要年轻人才加快成熟，需要各类人才尽快适应公司发展和企业环境。在过去的东方通信，由于把握了移动通信技术引进成功的风险决策机会，为各级各类人才创造了许多发展、发挥的机会，不少人都是跟着企业跳跃式发展。对今天的普天轨道而言，同样需要为广大的人才提供这样的成长机会，让其与企业一起成长。

值得注意的是，现在不少外资企业，以及跨国公司里的管理骨干，也不都是公司自己培养的，不少是从外界挖来的。也许这样可能形成杂交优势，优化组合。这给了我们很大的启示。企业的建设不能仅仅局限于企业内部，还要从外面挖掘人才。但如何把握好自身培养与外部引进人才之间的关系，如何更好地将二者的优势均发挥出来，无疑是值得我们思考的。

当年的东方通信在企业管理战略、策略的思路及其活动思维包括运作过程都用战争的形态来描述。这样的角色反串就很有新意了。企业管理与战争规则有两点十分相近，这就是注重时间效率和成功因素。

因为以前几百年、几千年的历史，在一定意义上说国家的发展是靠战争推动的；现在和平时期是靠经济建设来推动，这也可以当成经济竞争或经济战争。战争规则运用到企业上还是有效的。员工好比是士兵，技术人员好比是尉官、教官，总部好像司令部，高层指挥官有元帅、将军。由元帅指挥重大战役，将军组织不同的局部战争，不断调度各个兵团联合作战。

在人才组织规则里值得注意的一个问题是，要认清金钱不是万能的。有的人只需要金钱，有的人不仅需要金钱，还有别的需求。管理规则上有两种：有的人给他地位，但是他可能缺乏相应的管理能力；有的人给他很多钱，但他得不到地位。比如销售人员，他的一种动力是只要销售，就可能有提成，就会获得奖励和金钱；如果被提升为销售主管、副总裁什么的，那他会感到痛苦甚至认为自己是失败的。另外一种人就有地位意识，他的管理能力很强，但让他当销售人员去赚钱，他可能不行。用什么办法把这两种人的积极性都调动起来？一般销售人员多用奖励或金钱来强化，能力比较强的管理人员就要用地位来强化。这个地位等级的薪水是相对稳定的，但是销售人员如果业务业绩好，收入应该比有地位的人高得多。

在东信的发展信条中，“超越”两个字是精髓，就好比浙大校训的“求是”一样。“超越”是东信的“企训”。超越不是越轨，超越是沿着有中国特色社会主义企业方向大跨度迈进。在全球经济一体化的竞争中，企业要加快与国际接轨才有立足之地。这就决定我们必须超越过去，超越现在，超越自我，挑战未来。

普天轨道的企业发展也应该有“超越”二字，我们的超越自我精神当然有一种理想、价值、精神文化的含义，但是最基本的还是一种生存观和发展观，就是不进则退。如果不能突破或突围，在这样市场里就无法生存和发展。所以必须要自我挑战，超越自我，追求新的业务增长。在大竞争中很容易垮掉，很容易发生地震，因为对手对它的冲撞更大，不像小摊小贩之间的竞争，这个竞争需要更大的智慧和资本支撑。

第二个层面就是价值观了。企业为什么可以做成大公司，靠的就是价值观。我们每个企业都有机会充分表演，把自己的能力和潜力超前挖掘和释放出来，向极限挑战。对我们每个人来说，生命是非常有限的，怎么样在生命旺盛的时期，尽快达到事业的顶点呢？我们一定要以“一万年太久，只争朝夕”的精神，向自己能力和潜力的极限挑战。

超越自我，共创未来

“超越自我，产业兴国”是创业初期东方通信面向国内的奋斗口号。现在要面向国际，走向世界，我们行动的口号要转换为“超越自我，共创未来”。未来世界一定会更加美好，还需要我们大家超越自我，共同创造。

回首往事，当年东方通信上下都意识到实现了超越，但当时东信人还都不满足，更要挑战新的极限。通俗的超越就是要求把企业办得更出色，东信的每个人把工作做得更出众。这也是我的切身体会。我们就是要进行自我挑战，要把平凡的工作做得不平凡。人有多种性格和表现：一种是把平凡的工作做得很平凡，一种是把不平凡的工作做得很平凡，一种是把不平凡的工作做得不平凡，另有一种是把平凡工作做得不平凡。东信人追求最后一种，也是最难做到的一种。普天轨道人也是要有这样的追求。只有这样才能充分体现我们的超越自我精神。当然，我们的超越不仅为了实现自身价值，更是要肩负起时代的使命。

在未来的发展中，我们要把企业和社会群体，乃至用户都融合在一起，结成命运共同体。大家互相尊重和理解，共享经济发展的利益、人类进步的幸福。这里有一个独特的利益概念，文化就是创造共同的利益。而且这种利益不是硬性的。不是拿到多少实惠，文化利益或叫文化利润是软性的，大家在一起很融洽。在城市轨道交通的发展中，也是有这样的一种文化在里面，特别是人们的出行越来越离不开轨道交通了，因而更需要我们通过文化将市场串通起来。

当年，东方通信在激烈的市场竞争中生存并发展壮大起来的一条秘诀，就在于把经营目标责任真正落实到底。东方通信要求每个部门的负责人及每个岗位都要自我挑战。如果有人畏难情绪太重，就要提出换位挑战。这样他就可能再接受一次新挑战，是充满活力与智慧的生存，是立体的生存，不是平面的生存。

相比于互联网行业和金融业来说，传统产业的准入门槛更高，行业知识壁垒更深，而最关键的问题在于现阶段没有像互联网行业一样深厚的数据积累，尤其在生产水平较为落后的农业和部分工业中，主导农业和工业生产依然凭借人的经验，在今天各行各业都在寻求用数据说话的时代，农业生产和部分生产面临没有数据、也没有收集数据渠道的尴尬局面，或者数据质量低下不足以支撑决策。对于 AFC 行业来说，则是介于传统行业和互联网行业之间，其中存在的挑战以及机遇都非常大，如何寻找行之有效的生存之道，无疑是非常关键的，而且是迫在眉睫的。变革需要高昂的成本，但若能紧跟一些关键性趋势，则不仅能协助公司践行重大技术设计原则，还能充分释放公司潜能，从而使公司有针对性地投资新业务。

顺应时代需求变化，坚持创新，坚持精品路线，将传统制造优势与现代科技完美结合，对于普天轨道来说，是未来发展的重要方向。危机往往也是孕育伟大企业的最好时机，即使在经济下行的困难周期里，新的市场机会也远比你想象的多。拥有长远眼光的企业，能够通过对宏观经济周期的考量以及行业的充分研究，并结合自身企业的组织、资源优势，在新经济周期中寻找行业的突破点，适时抓住机遇，帮助企业拥有持续盈利的能力，从而实现永续经营。无论在怎样的经济周期中都能稳中求胜，成为永不坠落的“王者”。

企业要回归商业本质，深刻洞察客户的需求和市场的趋势，要给客户提供更加完善的、全方位的服务。在全球经济逐渐结束高速增长、进入低增长常态的背景下，在各行各业的眼中都有不同表现。就企业来说，在增速下降的背景下，可以通过细化经营活动来开拓细分市场，能多做一点就多做一点。

那么如何在低增长的市场常态中，捕捉各个领域高增长的细分市场机会呢？关键就是找到用户的需求。用户的需求并不是消失不见了，而是不断在变化，这种变化连用户自身可能都不会发现，企业就更加没有目标了。因此企业目前需要做的最大一件事，就是洞察用户需求和市场趋势，要对这些进行充分的研究和调查，进而生产出真正符合用户需求的产品来，为客户提供更加完善的、全方位的服务。

千淘万漉虽辛苦，吹尽狂沙始到金

国务院国资委网站 2021 年 6 月 23 日发布消息，经报国务院批准，中国普天信息产业集团有限公司整体并入中国电子科技集团有限公司。7 月 8 日，中电科与中国普天重组启动大会在北京召开。国资委将东方通信集团公司实际控制人中国普天的全部股权无偿划转至中电科，公司实际控制人由中国普天变更为中电科。普天轨道交通技术（上海）有限公司作为东信集团的全资子公司未来可期。

在重组启动会上，中电科党组书记、董事长陈肇雄表示：“中电科与中国普天重组，有利于更好履行强军首责，形成电子信息、信息通信体系化能力，支撑服务武器装备机械化信息化智能化融合发展；有利于调整优化国有电子信息产业布局，积聚更多创新要素、创新资源，提升供应链自主可控、产业链现代化水平；有利于抢抓新一代信息技术与各行业深度融合的机遇，推进数字产业化、产业数字化，加快发展壮大数字经济。”普天轨道人需要思考在新形势下如何定位，如何发展，如何在中电科的大旗帜下更好地实现价值。

“忆往昔峥嵘岁月稠”，1996 年邮电部上海通信设备厂传输分厂总工陆仁元开始筹建“AFC 事业部”（普天轨道前身），由原来程控交换机研发团队和公司精加工设计团队组成，开始了研发轨道交通自动售检票系统的漫漫道路。1997 年 6 月 20 日成功研发三杆磁卡和投币式检票机，诞生了国内首个自主研发磁卡自动检票机设备，获国家级新产品和上海市优质产品等殊荣，并被列为国家级火炬项目；成为了国内自动售检票系统产业链最全套的厂商；在创新方面取得了多个突破，如全球第一套非接触 IC 卡售检票系统、全球首套使用纸币循环和硬币多枚投入的售检票系统、全国首个开通手机支付售检票系统、全国首个银行卡 PBOC 标准试点项目、全国首批交通部全国一卡通试点项目等一系列成果。到目前为止服务了全国 23 个城市 40 多条线路。

城市现代化要交通先行。2019 年 9 月 25 日，习近平总书记在考察北京市轨道交通建设发展情况时指出：“城市轨道交通是现代大城市交通的发展方向。发展轨道交通是解决大城市病的有效途径，也是建设绿色城市、智能城市的有效途径”。“智慧城市轨道交通建设”的概念也变得炙手可热，何谓智慧城轨呢？各家从不同角度和方向进行解读。技术上应用云计算、大数据、物联网、人工智能、5G、区块链等新兴信息技术；业务上提升全面感知、深度互联和智能融合乘客、设施、设备、环境等实体信息；管理上经自主进化，创新服务、运营、建设管理模式，构建安全、便捷、高效、绿色、经济的新一代中国式智慧型城市轨道交通。

普天轨道作为成为中国优秀的专业从事轨道交通机电建设的高科技公司和轨道交通“智造者”，经过多年的 AFC 系列产品研发与实施打下了坚实的技术根基，具备云计算、大数据处理、机器学习、微服务、云化、GIS 应用、大屏控制等技术能力；积极与潮流接轨，不断在 5G、物联网、大数据、AI 人工智能等前沿技术方面进行探索创新；产品采用自主研发方式，系统架构兼具开放性、标准性、安全可靠性、高性能、高并发、高可用，同时具备快速开发能力以及快速对接第三方系统的能力。

近年来，轨道交通 AFC 系统在我国的应用展现了良好的效果，成为地铁公司提高收益管理水平的基本条件。自动售检票业务已由原来的磁卡式变得更加多元，当前实名制信用消费，多元化票、全国移动支付 40 多个城市，自建 App、支付宝、微信、银联、手机交通卡等移动支付，二维码、NFC 乘车覆盖率持续增长，部分城市实现刷脸进站。票务互认互联，城轨易行、大都会等互通平台呈现。人、物、票安检合一，票务安检装备投入应用。乘客服务丰富多彩，建立主动导向系统，主动引导、智能交互、一站式等选择出行方案服务。售检票业务变得不再单一，丰富多彩起来。普天轨道很好地适应售检票业务的变化，提供一揽子解决方案支撑。

终端设备研发层面，普天轨道坚持走“智能化、自主化发展”道路。近期研发智能客服中心在哈尔滨地铁项目上已经全面投入使用，它以智能设备为载体的自助服务系统，以取代传统的人工服务方式，融合人工智能、语音识别等先进技术，缩短服务响应时间，优化客服流程，实现车站服务的自助化、智能化和人性化。为了实现智慧地铁的人机交互需求，同时也为了解决由于地铁线路复杂带来的部分乘客只知目的地不知道如何选择线路、地铁站的问题，在 TVM 增加提供一套语音模糊查询的解决方案。STM 终端让站务人员有更多的时间，走出票亭，在车站内进行巡查和服务，去主动地帮助乘客，同时，也能及时响应乘客呼唤请求，实现面对面地交流，在乘客操作遇到困难时，可以提供远程协助操作，帮助乘客解决问题。此举彻底地将站务人员从票亭中释放出来，实现集中或者是移动地客服服务，从而提高服务质量和服务效率。

非接触指纹检票机在轨道交通生物识别过程中，更多地提倡快速、主动行为的识别过程。主动行为和被动行为的区别是，被动行为乘客可能在无意识的情况下，就被感应到，比较典型的就是人脸识别，因为在检票过程中，乘客有选择支付方式的权力，这样容易产生纠纷。比如：乘客想用折扣更好的一卡通车票，但是同时人脸也被捕捉到，就会产生单边交易和纠纷。主动行为的检票过程，乘客确认了本次的交易行为，就有效地避免了矛盾。非接触指纹检票机采用挥手的检票方式，在挥手过程中检测到指纹信息，对手指指纹进行对比，对比成功后打开通道。

随着轨道交通“四网融合”等需求逐步到来，身份证随身携带也成为一种习惯，以及电子身份证 eID 的推广，普通地铁专用读写器的需要已经不能满足实际需要，带身份证识别的新一代读写器的需求被推到前台。普天轨道新一代读写器不仅在处理速度和处理能力上进一步提高，应可支持非接触 IC 卡、SAM 卡操作、二代居民身份证操作。新一代读写器要可以实现 TYPE A（地铁及公共交通类 IC 卡）和 TYPE B（居民二代身份证）同时在一个天线上进行处理，实现双模式下两类票卡的无缝兼容读写。普天轨道结合网信事业发展的要求，结合物联网技术发展，不断丰富智慧终端设备。同时通过自主化开发路线突破国外的技术封锁。

为了深化支撑运营服务，和互联网的依赖需求日益增大，普天轨道提供一整套 AFC 智能运维平台。AFC 设备在日常运营保障中面临诸多问题：设备模块繁杂、设备数量多；设备设施逐渐老化，维修资源配置难度增加；检修繁琐、检修维护难度大；技术力量不断摊薄，设备管理任务繁重；多计划修和故障修，少预测性维修，运维效率偏低且经济性较差；缺乏基于大数据、智能化的运维应用。普天的智能运维平台提供了多种功能：（1）智能维护：根据 AFC 设备历史运维数据，对设备的维护等级进行分级分类，给出设备智能维护计划，实现差异性维护；（2）设备使用负载均衡：通过对各闸机进出站客流数据进行分析和评估，让闲设备忙起来，均衡各设备使用频率；（3）运维人员需求规划：通过历史运维数据多对运维实际工作量进行评估和分析，对人力资源进行合理配置；（4）故障预测：通过对设备历史运维数据，对设备未来故障进行预测，及时对潜在的问题和故障进行预测、预警。

普天轨道作为网信事业国家队的一份子，基于基础设施、信息系统、先进装备构建地铁行业的网信体系，推动地铁产业数字化转型，提供全面能力支撑。真正以客户为核心，通过研发、制造、质量、供应链上的管理，驱动智能制造的实现。以快速反应取胜，提升生产效率，降低成本，实现企业最大价值化。AFC 设备作为地铁行业的窗口设备，日常和乘客建立起了密切的联系。因为产品也增加了文化的属性，反映一个城市一条线的某种文化内涵，在视觉上和使用中得到了所有有关精神、心理、社会各方面的体验。普天轨道注重 AFC 产品的生产设计，除了包括精密度、高效、现代感、先进性外，把 AFC 产品作为不同于一般劳动工具所具有的技术先进性来完成。

“雄关漫道真如铁，而今迈步从头越”就是普天轨道当前最真实的写照。坚持把“做实做强做优”地铁行业尤其是 AFC 专业作为主攻方向，一手抓好转型升级，一手抓好产业创新，推动普天轨道加速向数字化、网络化、智能化发展。

尾声
初心如一

多年来，普天轨道的管理者通过整合资源、协调关系，不断解决问题，使企业不断实现阶段性目标，砥砺前行，最终实现愿景。

企业领导者是企业的灵魂，他们需要不断地去思考未来，需要肩负重任，有宽阔的胸怀，有事业心和责任心。每个企业的发展都有谷峰波底，阳光总在风雨后。有时在探索的过程中，目标不一定清晰，可能仅仅只是一个轮廓，这时，坚持和信心就是首当其冲的决胜因素。比如，普天轨道最初决定进入轨道交通行业时，包括企业领导者在内，所有人连轨道交通包含哪些系统都不清楚，但目标是一定要去实现的。随着与业内专家的不断沟通，普天轨道渐渐明确了发展目标，并最终一路坚持直行，成为了行业的佼佼者。

普天团队有一个共识：央企要发挥行业龙头的作用，要勇于做大做强，呈规模化发展，力争成为引领行业技术趋势的标杆企业。普天轨道坚定地执行目标，全力拓展业务，即使在发展最为辉煌之时，突然遭遇集团资金链问题、投资失误的重大危机时刻，来自各方的质疑声不断，仍然坚守，坚持既定目标不动摇。时至今日，普天轨道已经跨过最艰难的险境，迎来胜利的曙光，业务量也在稳步增长中。

普天轨道重视公司效益，进行市场化经营，让企业参与市场竞争，对员工一方面市场化运作，一方面做好感情沟通。只有员工工资待遇与其作用及市场的定位相当，才能激起员工的积极性。企业工资机制向一线和高科技人才倾斜，确保最一线的职工利益不在工资市场化改革中受损，因为创新人才是在国企中创造价值最大、最需要激励的群体。带动员工将企业命运与自身职业发展联系在一起，与企业同呼吸共进退，尽其所能地发挥自身能力，提升企业经济效益，激发国有企业优势。

作为企业管理者，普天轨道的领导者勇于承担责任，做好表率，不随便找理由去推脱。当出现问题时，他们一般先去找自身的原因，并与员工进行充分的沟通和交流，共同寻求问题的解决方案。国企如何留住人才、吸引人才是一个现实问题。现在年轻人的想法与过去相比有了本质的变化，特别是 90 后这一代，他们智商高、接受新兴事物能力强，个性张扬，观念奇特，有冒险精神。普天积极面对新的变化，而不是去压制。

普天轨道一直在向世界一流企业学习，也敢于与一流企业过招。企业的成长和人的成长一样，本身就是不断面对挑战的过程。幼儿要学会吃饭、走路、穿衣，儿童要上学、自立，大学时要会思考，工作后要能养活自己等，企业的发展也是如此，每到一个规模，都会遭遇新的困难和挑战，这就要求企业必须不断挑战自己，突破自身的天花板，再攀新高。

古语云：“不忘初心，方得始终。”这也就是在告诉我们，在社会或人生发展过程中，我们必须清楚并坚持自己的初心，追逐着自己最初的理想，最终才会最大程度实现自己预期的结果。我们作为中央企业，更加要牢记使命，担负起企业科技创新“排头兵”，为国担当。

附录一

普天轨道 AFC 大事记

1996 年　邮电部上海通信设备厂传输分厂总工陆仁元筹建“AFC 事业部”，开始研发轨道交通自动售检票（AFC）系统，主要由原来程控交换机研发团队和公司精加工设计团队组成。

1997 年　6 月 20 日，成功研发三杆磁卡和投币式检票机，也是国内首个自主研发的磁卡自动检票机设备。

10 月 1 日，上海世纪公园自动检票机开通运行，国内自主研发检票机首次开通运营。

10 月 14 日，举办杭州 AFC 展示会，首次推出非接触 IC 卡和 Token 检票机。

11 月 6 日，召开国内第一次地铁（轻轨）AFC 系统研讨会，上海地铁、南京地铁、广州地铁、天津地铁多位专家出席，对技术方案做出了肯定和指导意见。

12 月 4 日，在日本丸红株式会社的撮合下，上海邮通和日本信号、丸红株式会签订 AFC 系统合同协议。上海邮通副总经理刘时中代表上海邮通签订合作协议，总经理章应铎、事业部总经理陆仁元以及上海地铁陈凤敏女士等见证签字仪式。

1998 年　8 月 10 日，与日本信号合作开发磁卡拍打门自动检票机研发完成，实现了包括 SC、自动检票机、自动售票机和票房售票机在内的一系列产品。

8 月，邮电部领导来公司参观指导工作，充分肯定了上海邮通 AFC 系统技术。

11 月 1 日，由事业部韦强、周向争、吴刚、陆浩曾牵头开通国内首个轨道交通磁卡 AFC 系统，也是全国首个非接触 IC 卡储值卡系统上线运营。采用三杆和拍打门技术，具备硬币购票和找零功能。

天津地铁成为国内首个开通运行 AFC 系统的地铁运营公司。

10 月 28 日，参加北京通信展，首次在通信展亮相普天自动售检票产品。

11 月 23 日，参加上海国际轨道交通展览，作为国内唯一自动售检票系统提供商获得了轨道交通代表的广泛认可。

11 月 25 日，举办第二次轨道交通 AFC 技术研讨会，上海地铁、南京地铁、天津地铁、上海通号、上海隧道设计院等多位专家出席，对技术方案做出了肯定和指导意见。

1999 年　7 月，开通上海金茂大厦售检票系统。

7 月 15 日，与上海黄浦江行人隧道签署了售检票系统供货协议，该系统首次采用全非接触 IC 卡系统售检票设备。

7 月 22 日，开通浦东机场机场建设费自动售检票项目，国产首套拍打门自动检票机，并提供机场建设费专用发票；自动售票机支持纸币识别、纸币找零、信用卡支付。

8 月 1 日，举办普天 AFC 新产品生产定型鉴定会，在上海地铁等多位专家肯定下，顺利地通过了生产定型鉴定。

2000 年　国内轨道交通首次在上海地铁 1 号线开通了 MSTP 通信传输系统，解决轨道交通传输系统瓶颈。

5 月 13 日，广州地铁卢光霖总经理带队莅临上海邮通指导工作。

11 月 18 日，南京地铁王建等领导莅临指导工作。

2001 年　2 月 23 日，美国 CTS（cubic）和上海地铁一行考察公司，并对上海邮通生产样机进行了严格检查，最终认为相关样机达到了美国

Cubic 的技术标准和技术要求，双方就技术转让达成了合作协议。
上海邮通生产的磁卡自动检票机成功接入上海地铁 1、2 号线 AFC 系统，首次推出双向检票机。
上海邮通和上海计算机所成立自动售检票系统实验室。

2002 年　2 月，上海水族馆磁卡售检票系统开通。

2003 年　5 月 1 日，全球首套薄型非接触 IC 卡 AFC 系统在大连快轨 3 号线开通，也是首个 CPU 卡储值卡在轨道交通应用。该项目的成功开通标志着轨道交通进入一个新纪元。

2004 年　3 月，中标全国二代身份证阅读器定点生产单位。
6 月 1 日，成功为上海南站提供 AFC 系统，该项目得到了广州地铁李宇轩等的大力支持。
首次上海地铁开始接受纸币、硬币混合投币模式。
9 月 29 日，大连快轨 3 号线二期工程 AFC 系统开通。

2005 年　9 月，国内最高速票卡编码机（7000 张 / 小时）上海地铁清分中心投入使用，为上海地铁磁卡改造项目提供了有力保障。
10 月，上海地铁 1、2 号线磁卡改造为薄型非接触 IC 卡系统。

2006 年　10 月 31 日，长春地铁 3 号线 AFC 系统开通，也是国内首次在高寒户外环境自动检票机应用，同时首次实现银联 PBOC1.0 技术和手机过闸要求。
普天先后中标重庆地铁 1 号线、上海地铁 10 号线、上海地铁 2 号线西延伸线、上海地铁 2 号线东延伸线、北京地铁昌平线、
12 月 30 日，上海地铁 2 号线西延线自动售检票系统开通。

2010 年　2 月 24 日，上海地铁 2 号线东延线自动售检票系统开通。

4 月 10 日，上海地铁 10 号线一期自动售检票系统开通。

12 月 30 日，北京地铁昌平线开通。

2011 年 6 月 16 日，深圳地铁 4 号线二期通信系统开通。

7 月 28 日，重庆地铁 1 号线自动售检票系统开通，该项目首次实现纸币循环找零、硬币多枚投入。

2012 年 6 月，裘哲雷、韦强、夏芸等新团队加入，并成立轨道交通事业部，裘哲雷任上海普天总经理助理、韦强任轨道交通事业部总经理。

重庆地铁 3 号线一期和南延线自动售检票系统开通。

2013 年 8 月，普天轨道在与国外著名企业角逐中，一举中标上海某国际乐园票务系统项目。

2014 年 4 月，普天轨道参与集成商联谊会，致力推进轨道交通自动售检票行业健康有序发展，并签署了“南湖宣言”。

9 月，普天轨道中标合肥地铁 1 号线自动售检票系统，标志了普天轨道进入了新开端。

12 月 1 日，普天轨道顺利完成北京新票制票价项目。

2015 年 3 月，中标昆明地铁 3 号线一期 AFC 系统，并于 2017 年 8 月 29 日开通运营。

3 月，中标温州市域 S1 线 AFC 系统，并于 2019 年 1 月 23 日开通西段，同年 9 月 28 日开通东段。

5 月 30 日，签订哈尔滨地铁 3 号线二期、三期 BOT 项目，这是普天首次参与 BOT 投资项目，总承包部分合同金额达 18 亿元，负责通信、信号、AFC、ACC、应急指挥中心等多个系统。标志普天轨道正式转型，由单一系统集成商，向轨道交通多系统集成商转换。

9月，普天轨道中标长春地铁1号线AFC系统，并于2017年6月30日开通运营。

同月，普天轨道中标厦门地铁1号线AFC系统，并于2017年12月31日开通运营。厦门地铁也是首个开通时即具备二维码购票和进出站功能，同时也是首次采用平面触摸屏设计。

12月，普天轨道中标青岛地铁13号线弱电总承包项目，合同金额达9.1亿，承接系统包括通信、AFC、屏蔽门、FAS、BAS、安检等多个系统。

同月，普天轨道签订哈尔滨地铁3号线一期机电总承包项目，并于2017年1月26日开通运营。

普天研发的人脸识别检票机，获批了国家专利，也是普天AI技术的突破。

同月，普天轨道研发的拍打门检票机在上海南站实验。并中标上海地铁13号线自动检票机系统项目。

2016年 4月，普天轨道上海地铁11号线通信传输系统建成。上海地铁11号线于2007年3月1日开工建设，于2009年12月31日开通运营一期工程主线，于2010年3月29日开通运营一期工程支线，于2013年8月31日开通运营二期工程，于2013年10月16日开通运营花桥段，于2015年12月19日开通运营上海某国际乐园段。跨度最长先后建设周期8年，5个通信环网系统，创下了国内首创。

6月16日，上海某国际乐园票务系统项目开通，自动检票机、自助预约机等多个系统正常运营，得到外方的充分肯定。

12月26日，合肥轨道交通1号线AFC系统开通，首次实现了语音识别购票，同时也实现了语音合成播报。

2017年 2月17日，普天轨道拍打门首次在上海地铁2号线张江站正式开通使用。

6月10日，普天轨道宁波城际自动售检票系统项目开通运营，该项目采用拍打门自动检票机。

9月，成为中国信息产业商会自动收费系统专业委员会理事单位。

9月29日，重组为普天轨道交通技术（上海）有限公司，并于12月转让普天东方通信集团有限公司。周忠国担任董事长，黄宁宅担任总经理。

2018年　8月7日，与齐鲁交通信息集团签署战略合作协议。

10月26日，完成《城市轨道交通自动售检票系统工程质量验收标准》修订工作。

12月26日，成功开通青岛轨道交通13号线机电总承包系统，获得了青岛地铁先进单位表彰。

12月30日，上海地铁5号线及延长线通信传输系统开通。

中标广州白云机场T2航站楼南航登机口AB门项目，首次进入民航检票机行列。

2019年　5月1日，北京世界园艺博览会自动售检票项目开通。

9月26日，与京东数字科技集团签署战略合作签约。

9月30日，成功通过CMMI5软件成熟评估。

9月，中标上海地铁14号线自动售检票系统集成项目。

9月，中标广东清远磁浮自动售检票系统项目

11月，中标三亚管廊弱电系统集成项目。

2020年　1月1日，东方明珠广播电视塔售票系统开通。

4月，中标杭州地铁8号线AFC系统项目。

4月，中标哈尔滨地铁2号线AFC系统项目。

5月1日，天水有轨电车示范性工程开通。

上海地铁1、2号线翻新改造及交通部一卡通开通，上海地铁使用了20年的设备再次焕发青春。

6月，中标嘉兴有轨电车1号线AFC系统项目。

9 月，中标哈尔滨地铁 3 号线通信系统集成项目。

10 月 15 日，参与哈尔滨地铁智慧车站建设展，亮相智能客服中心、人脸识别、语音智能识别等设备。

11 月，中标洛阳地铁号线 AFC 系统项目。

12 月 26 日，配合太原地铁 2 号线关键模块供应并顺利开通。

12 月 31 日，重庆地铁 1 号线朝天门站开通。

12 月 31 日，广州黄埔有轨电车一号线工程开通。

2021 年　1 月，民航检票机产品通过中航信认证

2 月 24 日，中国普天战略重组，整体划入中国电科。

2 月，中标重庆地铁 2 号线 AFC 系统改造项目。

3 月 6 日，再次中标上海黄浦江行人隧道售检票项目，21 年后再续前缘。

3 月，许宜斌任总经理。

3 月 22 日，与阿里云、变形蛙三方签署战略合作协议。

4 月，中标佛山地铁 3 号线自动检票机项目。

4 月，中标温州市域 S2 线自动售检票系统项目。

9 月 19 日，普天轨道成功开通哈尔滨地铁 2 号线 AFC 系统，同时普天轨道 ACC 系统成功接管原先小清分系统，也是哈尔滨地铁首个云平台开通，标志着哈尔滨地铁由原先 5 层架构，过渡到 4 层架构。

9 月，普天轨道配合卡斯柯公司成功中标兰州地铁 2 号线总承包项目。

附录二

AFC 行业术语和缩略语

术语

自动售检票系统 基于计算机、通信、网络控制等技术，实现城市轨道交通售票、检票、计费、收费、统计、清算等管理全过程自动化的系统。简称 AFC 系统。

票务清分系统 用于发行和管理城市轨道交通车票，对线网内不同线路的票、款进行结算和清算，并具有与城市轨道交通线网内乘用消费的其他付费卡进行清算功能的系统。

中央计算机系统 用于监控和管理城市轨道交通单线路或多线路自动售检票系统的计算机系统。

车站计算机系统 用于车站级票务处理、运行管理和客流统计的计算机系统。

车站终端设备 安装在城市轨道交通线路各车站，进行车票发售、进站检票、出站检票、充值、验票分析等交易处理的设备。

自动售票机 用于自主发售、赋值有效车票，具备自动处理支付和找零功能的设备。

半自动售票机 用于人工辅助发售、赋值有效车票，具备补票、退票、查询、更新等票务处理功能的设备。

自动充值机 用于对储值卡进行自助充值，并具有查验交易和余额等信息功能的设备。

自动检票机 对车票进行检验和处理，并放行或阻挡乘客出入付费区的设备。

单程票 在限定时间内一次性使用的车票。

储值卡 具有储值功能，可重复充值使用的车票。

进站 从非付费区到付费区通过的行为。

出站 从付费区到非付费区通过的行为。

付费区 在车站内进站检票机与出站检票机及护栏之间的封闭区域，包括运营的列车车厢内区域。

非付费区 付费区以外的区域。

缩略语

数据中心 IDC（Internet Data Center）

票务清算管理中心 ACC（AFC Clearing Center）

线路中心 LC（Line Center）

区域控制中心 ZLC（Zone Line Center）

线路计算机工作站 LCWS（Line Computer Work Station）

多线路中心计算机系统 MLC（Multi-line Central Computer System）

车站计算机系统 SC（Station Computer System）

车站计算机工作站 SCWS（Station Computer Work Station）

票务处理 TP（Tickets Process）

票卡处理单元 TPU（Ticket Processing Unit）

自动售票机 TVM（Ticket Vending Machine）

半自动售票机 POST（Point of Sale Terminal），亦称 BOM（Booking Office Machine）

闸机 AGM（Automatic Gate Machine），简称 Gate

政府和社会资本合作 PPP（Public-Private-Partnership）

项目管理办公室、项目管理中心或项目管理部 PMO（Project Management Office）

近场通信 NFC（Near Field Communication）

附录三

企业介绍

中电科集团

中国电子科技集团有限公司（China Electronics Technology Group Corporation（CETC），简称中国电科集团、中电科集团，以下简称“中电科集团”），成立于 2002 年 3 月 1 日，是以原信息产业部直属电子研究院所和高科技企业为基础组建而成的国有大型企业集团，由国务院国有资产监督管理委员会直接监管。

中电科集团主要从事国家重要军民用大型电子信息系统的工程建设，重大装备、通信与电子设备、软件和关键元器件的研制生产。

中电科集团总部设在北京，所属二级成员单位 58 家、三级公司 184 家，分布在全国 18 个省、市、自治区。其中，有 8 家上市公司，包括杰赛科技、海康威视、太极股份、华东电脑、四创电子、卫士通、国睿科技股份有限公司、成都天奥电子股份有限公司。集团公司注册资本 47.68 亿元。

2021 年《财富》世界 500 强排行榜发布中电科集团排名 370 位。2019 年 7 月，中电科集团荣获全国模范劳动关系和谐企业。2019 年 12 月，中电科集团入选 2019 中国品牌强国盛典榜样 100 品牌。2020 年 4 月，中电科集团入选国务院国资委“科改示范企业”名单。2020 年 5 月 13 日，中电科集团作为第一批倡议方，与国家发展改革委等部门发起“数字化转型伙伴行动”倡议。2020 年度中央企业负责人经营业绩考核 A 级企业。

2021 年 7 月 8 日，中国普天信息产业集团有限公司整体并入中电科集团，成为其全资子公司。

中电科集团研制生产的以空警 2000、空警 200 预警机为代表的 7 型装备首次分别组成空中方阵、雷达方阵、通信方阵的三个独立方阵接受国庆检阅。

在载人航天工程中，中电科集团作为副总指挥长单位，在载人航天工程七大系统中承担了重要任务，负责测控通信系统设备、雷达探测设备、太阳能电池和大量关键元器件的研制任务（图 6-1）。

在探月工程中，中电科集团作为副总指挥长单位，在卫星、运载火箭、发射场、测控通信和地面应用等五大系统中承担研制生产任务。

在国家公布的 16 个重大专项中，中电科集团在多个专项中承担规划和总体设计工作等重要攻关任务。在中国自行研制的北斗卫星导航系统中，中电科集团参与承担了卫星定位综合服务系统、电源系统、地面终端系统以及检测认证服务等多项任务，并圆满完成各项任务（图 6-2）。

图 6-1　空警 2000

图 6-2　探月

东方通信

东方通信股份有限公司（以下简称“东方通信”），创立于1958年，是国务院国资委管理的中央企业——中国普天信息产业集团有限公司（以下简称“中国普天”）旗下核心企业，是一家集硬件设备、软件、服务为一体的整体解决方案提供商、国有控股的信息技术领域上市公司。东方通信于1996年成功改制上市，成为上海证交所同时发行A股和B股的中国移动通信产业上市公司。多年来，东方通信致力于技术累积与持续创新，在集群通信业务、金融电子业务、智能制造业务和智慧服务及软件等领域都确立了专业领先优势。东方通信业务主要包括：集群通信及信息安全产品和解决方案；金融电子设备及运营服务；ICT服务、EMS制造业务。

目前，东方通信的产品和解决方案应用于全球多个国家和地区，通过全方位的专业信息网络服务，有效支持全球不同客户的差异化需求以及不断创新的个性化需求。东方通信拥有国家级企业技术中心和博士后工作站，承担着多项国家重点研发项目，并多次荣获国家科技进步奖，现有员工3000余名，其中70%以上为管理、技术方面的专业人才。

近年来，东方通信一直以做大做强集群通信产业为基础的“企业网及信息安全产业生态圈”、金融电子产业为基础的“智能自助设备产业生态圈”和技术服务产业为基础的“ICT服务及运营产业生态圈”三大产业生态圈为发展重点与方向，不断创新与转型升级，在各个领域取得卓越成效。

肩负“科技创造价值，共筑美好生活”的使命，东方通信坚持“诚信、务实、创新、共赢”，致力于为客户提供优质的产品、便利的体验、完美的方案和满意的服务，努力成为在国际市场中拥有优势品牌、持续创新和发展的领先企业。

普天轨道产品

作为行业内最早开始研发AFC系统的企业，普天轨道在轨道交通AFC行业经过几十年的技术沉淀，除了具有完整的清分清算系统、多线路中心系统、自动售票系统、自动检票系统、票房售票机系统、车站计算机系统、维修管理系统外，还自主创新和研发了多款产品和模块，为普天轨道交通的发展提供了技术保障。

读写器

普天轨道 All-in-one 车票读写器几乎囊括轨道交通现有所有读写器的功能，包括 TP inside（票务流程内置）、二代身份证读写、PBOC 3.0、蓝牙回写、分体远距离读写天线、二维码读写器接口，功能具备通讯接口，可支持非接触 IC 卡、SAM 卡操作、二代居民身份证操作。可读写符合 ISO/IEC14443 TYPE A 标准的非接触 IC 卡，包括符合建设部相关卡标准及 PHILIPS Mifare® Classic 系列的相关厂商产品及兼容类产品。可读写符合 ISO/IEC14443 TYPE B 标准的非接触 IC 卡（居民身份证）。支持非接触 IC 卡的防冲突功能。支持符合 ISO/IEC7816 标准及建设部标准的 SAM 卡驱动，具备可同时驱动操作 8 个 SAM 卡的多应用安全处理机制，每个 SAM 卡可以不同的波特率独立同时工作。可嵌入城市轨道交通 AG、TVM、BOM 机和其他公共交通票卡交易设备中（图 6-3）。

单程票发卡回收模块

普天轨道设计了多款车票发卡和回收模块，用以满足不同设计需要。

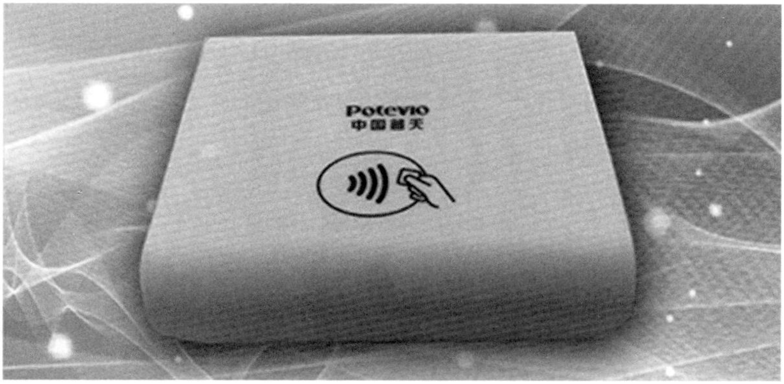

图 6-3　All-in-one 车票读写器

票卡（非封闭型）回收模块 CP PR THU201

票卡（非封闭型）回收处理模块具有操作方便，故障率低，模块设计结构简约、紧凑，占用空间小，回收速度快，维护方便等特点。每台设备具备 2 个回收箱，可选择支持 750 张、1000 张两种票箱模块，票箱重量轻，并具备提手，方便站务人员搬运。对特殊需要可外挂配置废票箱（图 6-4）。

票卡（非封闭型）发售模块 CP PR THU101

票卡（非封闭型）发售处理模块采用下刮票方式，具有发送速度快，更换票箱方便、快捷，操作人员无需下探安装票箱，维护维修方便等特点。每台设备具备 2 个回收箱，支持 750 张、1000 张两种票箱。具备一个废票箱。适用于自动售票机、票房售票机、互联网售票机等（图 6-5）。

票卡（非封闭型）收、发卡一体机 CP PR THU103

票卡（非封闭型）收、发卡一体机是一种适用于智能票务中心的模块，可以兼顾回收退票、发售单程票功能，也可用于票房售票机、自动售票机等。该设计满足设备小型化的需求，票箱轻便维护方便。每台设备具备 2 个 1000 张（最大）回收箱和一个 300 张回收票箱（图 6-6）。

图 6-4　票卡（非封闭型）回收模块 CP PR THU201

图 6-5　票卡（非封闭型）发售模块 CP PR THU101

桌面型票卡（非封闭型）发售模块 CP PR THU103

桌面型票卡发售处理模块可用于票房售票机、互联网售票机等。特点是便捷方便，可放置于桌面。单票箱容量，具备票箱加票和持续加票2种不同加票方式，每台设备具备1个回收箱。

票卡（封闭型）回收模块 CP PR THU202

票卡封闭型发售处理模块采用不锈钢设计，具备锁闭机构，票箱卸下后即可锁闭，其他人员无法通过其他方式接触到车票。模块配置2个金属票箱，每个票箱支持1000张车票（图6-7）。

票卡（封闭型）发售模块 CP PR THU102

票卡封闭型发售处理模块采用不锈钢设计，具备锁闭机构，票箱卸下后即可锁闭，其他人员无法通过其他方式接触到车票。模块配置2个金属票箱和一个回收箱，每个票箱支持1000张车票（图6-8）。

图 6-6　票卡（非封闭型）收、发卡一体机 CP PR THU103

图 6-7　票卡（封闭型）回收模块 CP PR THU202

图 6-8　票卡（封闭型）发售模块 CP PR THU102

Token 单程票回收模块

Token 单程票回收模块超小型设计，灵巧的电磁铁驱动，模块设计有 4 个独立的通道：1 个入口通道、1 个返还通道、1 或者 2 个回收通道，通道采用透明 PC 材料制作。Token 处理部件采用一体化可开合设计，方便观察和快速排出卡币等故障。模块通道关键位置内设计有管壁圆孔，保证 Token 票在处理过程中可能产生的卡币故障能快捷排除，使模块及设备正常运行。各通道电磁阀区域配置相应光电传感器，保证单程票回收模块的业务逻辑监控（图 6-9）。

硬币处理模块（小型）

硬币处理模块是功能齐全的小型硬币模块，具备硬币识别、硬币循环找零、硬币专用找零等功能。硬币由投币口进入硬币识别器，可识别硬币进入循环找零装置暂存，不可识别或不符合要求硬币直接退还到取票 / 找零口。如果乘客取消交易，循环找零装置暂存的硬币原币返还给乘客；如果循环找零装置已满，则最早进入装置的硬币进入储币箱。硬币模块具备 2 个 1000 枚专用找零箱、2 个 70 枚循环找零模块（图 6-10）。

图 6-9　Token 单程票回收模块

图 6-10　硬币处理模块（小型）

硬币处理模块（标准型）

硬币处理模块是功能齐全的硬币模块，具备硬币识别、硬币循环找零、硬币专用找零等功能。硬币由投币口进入硬币识别器，可识别硬币进入循环找零装置暂存，不可识别或不符合要求硬币直接退还到取票/找零口。如果乘客取消交易，循环找零装置暂存的硬币原币返还给乘客；如果循环找零装置已满，则最早进入装置的硬币进入储币箱。硬币模块具备 2 个 1000 枚专用找零箱、2 个 70 枚循环找零模块。更换不同识别头后，可以支持多枚投入功能（图 6-11）。

拍打门模块

拍打门模块 AFC-ARD-CDC-2

拍打门模块采用直流伺服电机设计，角度、力度、速度可软件调整，最快开关门速度达到0.3秒，并具备断电开启功能。采用无摩擦刹车技术，保证设备的高达 3000 万次使用寿命。先进的 DSP 编程技术，保证设备开关门速度和打击力（图 6-12）。

图 6-11　硬币处理模块

图 6-12　拍打门模块

三杆模块

三杆模块经久耐用，双向可以任意设定，可承受大客流冲击，可以配置落杆功能。该模块包括转轮盘、稳定架组件、同步轮组件、传感器组件、落杆电磁铁组件、锁杆电磁铁组件和锁杆组件，还包括压缩弹簧和棘轮。可以通过软件设置正转、反转、释放状态、落杆状态等（图 6-13）。

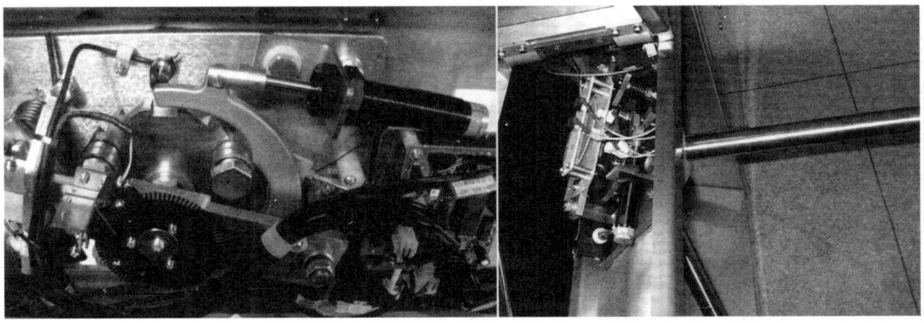

图 6-13　三杆模块

图书在版编目（CIP）数据

前世今生：普天轨道 AFC 发展战略 / 韦强著 . -- 上海：同济大学出版社，2022.3
（中国轨道交通 AFC 行业里的追梦者）
ISBN 978-7-5765-0140-7

Ⅰ . ①前… Ⅱ . ①韦… Ⅲ . ①城市铁路 – 轨道交通 – 售票 – 铁路自动化系统 – 概况 – 中国 Ⅳ . ① U293.22

中国版本图书馆 CIP 数据核字 (2022) 第 022990 号

前世今生：普天轨道 AFC 发展战略

韦强　著

出 品 人　金英伟
统　　筹　闻鼎传媒
责任编辑　张　翠　　　责任校对　徐春莲　　　装帧设计　张　微

出版发行　同济大学出版社 www.tongjipress.com.cn
（地址：上海市四平路 1239 号　邮编：200092　电话：021–65985622）
经　　销　全国新华书店
印　　刷　上海安枫印务有限公司
开　　本　710mm×960mm　1/16
印　　张　13
字　　数　260 000
版　　次　2022 年 3 月第 1 版　2022 年 3 月第 1 次印刷
书　　号　ISBN 978-7-5765-0140-7
定　　价　78.00 元